L'INDUSTRIE, LE CAPITAL

ET

LES MINES DE SAINT-GEORGES

EN PRÉSENCE DU PUBLIC

PAR

G.-V. DURAND

Directeur général de la Société des Mines et Usines de Saint-Georges et Lavincas.

Prix : 2 francs.

PARIS

Henri FÉRET, cour de Nemours, 25.

DENTU,
Galerie d'Orléans, 13, Palais-Royal.

GARNIER FRÈRES,
Péristyle Montpensier, 214.

VICTOR DALMONT, ÉDITEUR,
Librairie pour les Ponts et Chaussées, les Mines,
l'Architecture, etc.
QUAI DES AUGUSTINS, 49.

Librairie Scientifique-Industrielle et Agricole
DE LACROIX-COMON,
15, QUAI MALAQUAIS.

1858.

L'INDUSTRIE, LE CAPITAL

ET

LES MINES DE SAINT-GEORGES

EN PRÉSENCE DU PUBLIC

PARIS.

VICTOR DALMONT, ÉDITEUR,

Librairie pour les Ponts et Chaussées, les Mines, l'Architecture, etc,

QUAI DES AUGUSTINS, 49.

Librairie Scientifique-Industrielle et Agricole

DE LACROIX–COMON,

15, Quai Malaquais.

Lyon. — Imp. d'A. Vingtrinier.

L'INDUSTRIE, LE CAPITAL

ET

LES MINES DE SAINT-GEORGES

EN PRÉSENCE DU PUBLIC

PAR

G.-V. DURAND

Directeur général de la Société des Mines et Usines de Saint-Georges et Lavincas.

PARIS

Henri FÉRET, cour de Nemours, 25.

<table>
<tr><td>DENTU,
Galerie d'Orléans, 13, Palais-Royal.</td><td>GARNIER FRÈRES,
Péristyle Montpensier, 214.</td></tr>
</table>

1858.

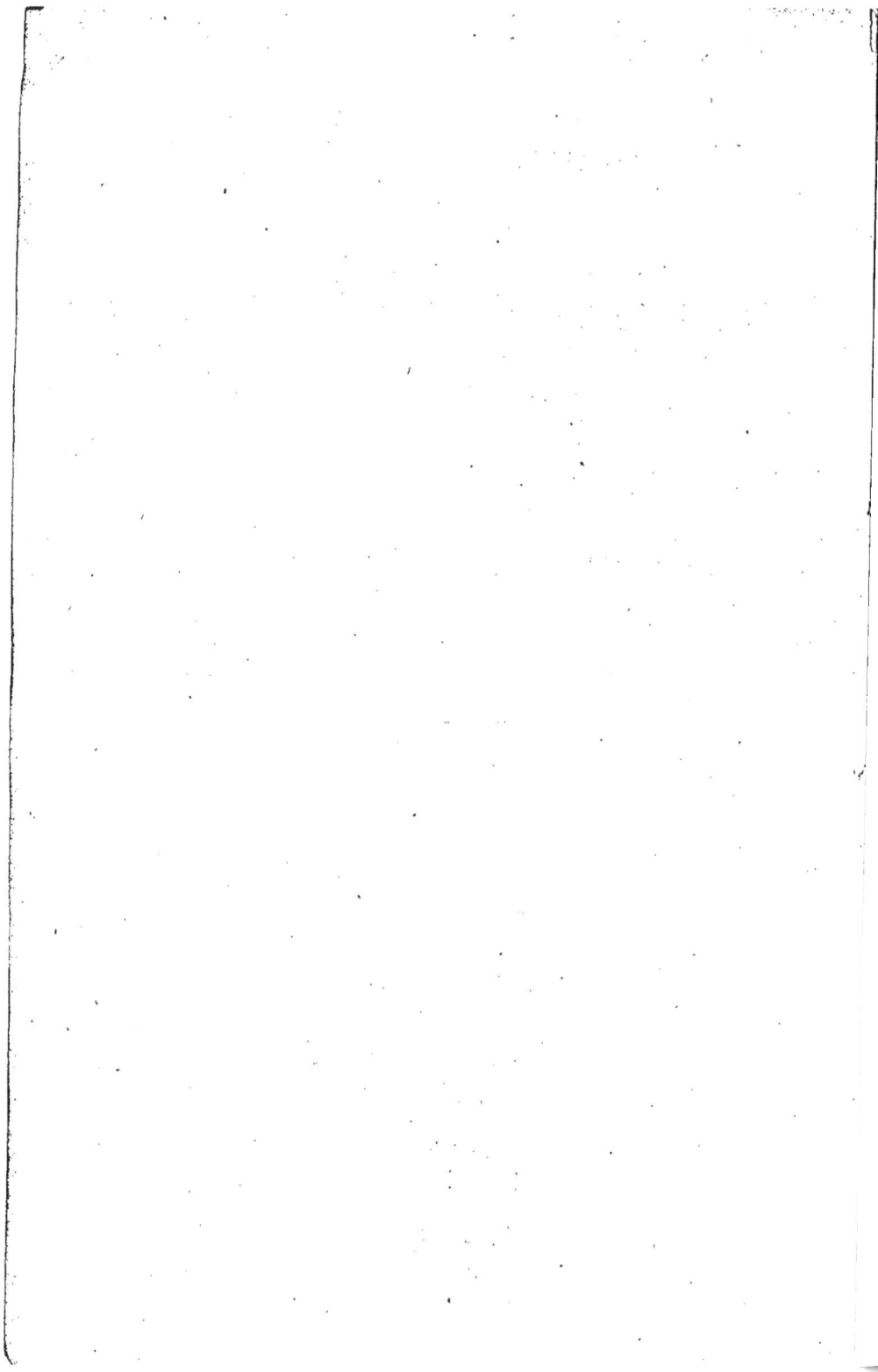

ORDRE DES MATIÈRES

CHAPITRE III.

Coup d'œil sur l'industrie houillère.

CHAPITRE IV.

Quelques mots sur l'alun, les sulfates, etc.

CHAPITRE V.

Historique des précédents des mines de Saint-Georges.

CHAPITRE VI.

Ce que sont en réalité les mines de Saint-Georges.

CHAPITRE VII.

Etat présent des Mines de Saint-Georges au point de vue de leur exploitation.

CHAPITRE VIII.

Avenir prochain des mines de Saint-Georges.

CHAPITRE IX.

Indication des produits en argent à obtenir de l'exploitation.

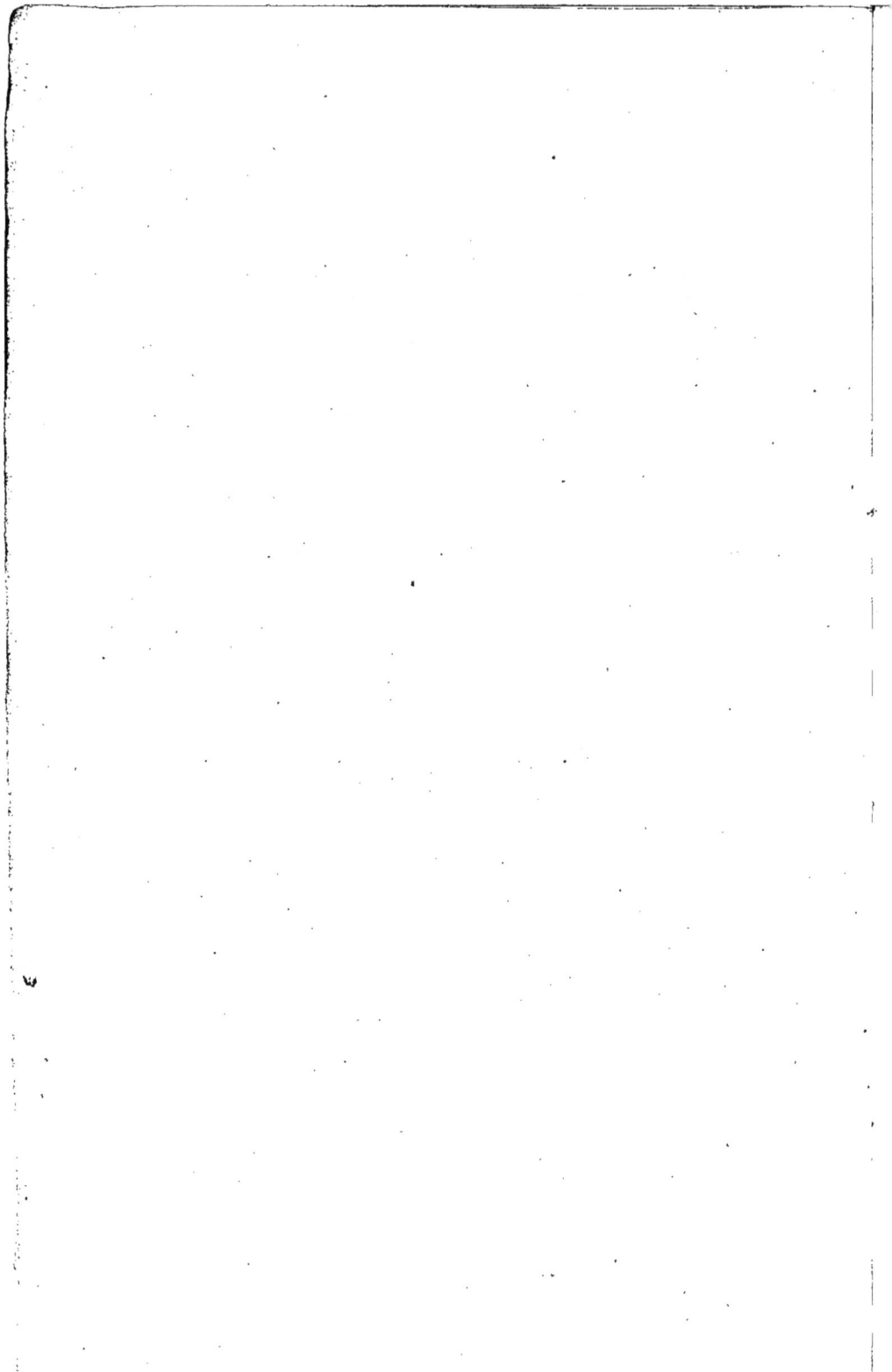

AVANT-PROPOS.

———

En livrant cet écrit au public, j'éprouve le besoin de m'expliquer devant lui sur les motifs qui m'y déterminent.

Les voici :

Lorsque après une longue pratique des choses on se trouve y avoir acquis, par le bénéfice de l'observation et de l'expérience, quelques notions qui, outre leur utilité pour soi-même, peuvent avoir, par leur diffusion, un intérêt quelconque au point de vue général, il semble que ce soit une sorte de devoir social que de les livrer à la publicité.

D'autre part, quand les circonstances et la force des choses nous on fait dépositaire des intérêts d'autrui avec la mission de les faire valoir, n'est-ce pas aussi un devoir de conscience, non-seulement de défendre journellement ce dépôt contre tout ce qui pourrait en compromettre l'intégrité, mais encore de mettre les

intéressés à même d'apprécier et la valeur réelle de leur chose
et les efforts qui sont faits pour en développer tous les avantages?

Cette double situation est la mienne : ce double devoir m'é-
choit et m'incombe :

Jeté depuis longues années dans les affaires de l'industrie, je
n'ai pu les pratiquer sans que cette pratique ne me révélât quelques vérités générales, utiles peut-être et par cela même bonnes
à propager.

Devenu chef d'une grande entreprise qui, malgré tous ses gages
réels de succès, fut longtemps entravée dans ses développements,
il me faut, tant pour l'explication de la cause des retards passés,
que pour l'exposé des bons résultats présents et des résultats bien
meilleurs encore de l'avenir, dire ce qu'elle est, quelles épreuves
elle a subies et quel vaste horizon s'ouvre aujourd'hui devant elle.

Par ce qui précède se trouve tout naturellement tracé le plan
de mon écrit et j'aborde, sans autre préambule, la matière qu'il
comporte.

CHAPITRE I.

IDÉES GÉNÉRALES SUR L'INDUSTRIE.

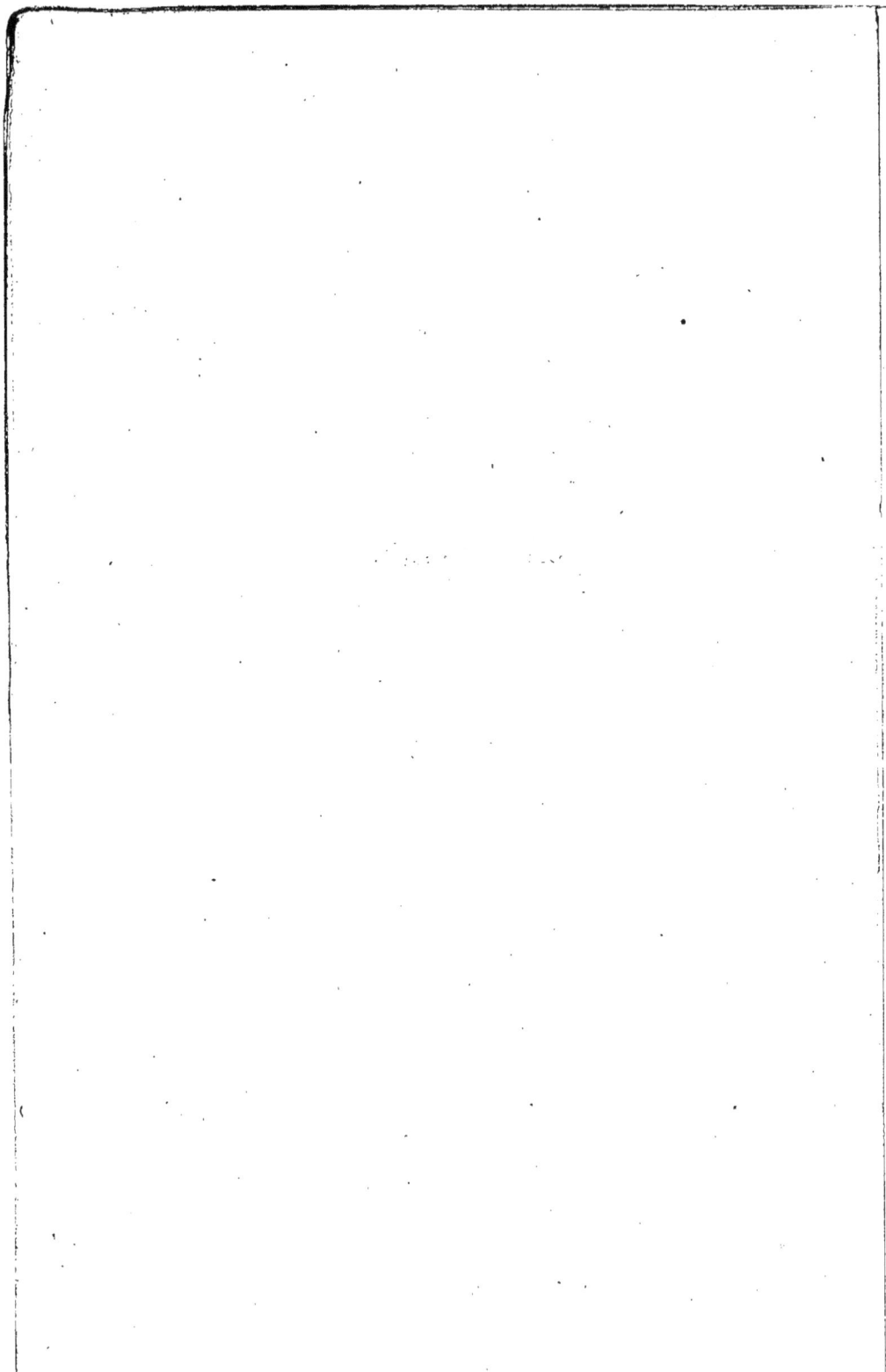

CHAPITRE 1.

Idées générales sur l'industrie.

L'industrie est, après l'agriculture, la nourricière des peuples et l'élément le plus actif de la prospérité des nations : l'industrie, conçue dans son principe le plus large, exercée dans son esprit le plus noble est une cause incessante de développement de l'intelligence humaine, un puissant instrument de civilisation qui la pousse sans relâche en avant et qui, siècle par siècle, année par année, la fait marcher constamment de succès en succès, de merveilles en merveilles : c'est la cause inspiratrice de presque toutes les découvertes qui, successivement, améliorent la condition des hommes vivant en société et concourent à la richesse publique en même temps qu'au bien-être des particuliers.

Mais s'il est vrai que l'industrie revêt incontestablement ce caractère de grandeur et de haute utilité, il ne l'est pas

moins que sa pratique est pleine d'écueils : que, trop fertile en
périls, en préjudices, tant pour ses adeptes que pour ceux
qui suivent leur foi, son histoire abonde en désastres de
plus d'un genre : La légende en serait vraiment découra-
geante, si l'industrie pouvait être rendue responsable des
sinistres dont sa pratique est l'occasion si fréquente.

Mais la raison et l'observation disent et démontrent qu'il
n'en est pas ainsi.

Quelles sont, en effet, les causes véritables les plus ordi-
naires de ces malheurs qu'enregistre si fréquemment l'histoire quotidienne de l'industrie ?

C'est, d'une part, la légèreté, la présomption ou l'inintelli-
gence des industriels ; c'est, d'autre part, le défaut d'appui
loyal et persévérant des hommes sur l'assistance desquels
ils auraient droit de compter, ou trop souvent même, l'action
malveillante, oppressive à dessein, qui spécule lâchement sur
leur ruine.

S'il faut, en général, et à moins d'une fatalité heureusement assez rare, rapporter au défaut de bon sens et d'expérience la chute de tant d'entreprises, qui, mieux appréciées,
plus mûries, ou dirigées avec plus d'habileté, eussent pû devenir profitables, on peut aussi admettre comme vrai que, de
ces entreprises, beaucoup sont tombées parce que leur auteur,
bien qu'intelligent et probe, ou n'a point trouvé les secours
que le succès eût exigé, ou s'est vû en butte à des cupidités
insatiables dont la sourde trahison l'a entraîné à sa ruine.

Disons-le donc bien haut, l'industrie en elle-même est aussi
peu solidaire de ses désastres que le serait un bon sol des
mauvais produits que donnerait soit une culture vicieuse

soit une intempérie de force majeure, ou bien que tout art quelconque est peu accusable des sottes productions de l'ignare praticien qui ne craint pas de l'exercer sans en connaître les principes. L'industrie est une terre qu'il faut savoir cultiver : c'est un art qui ne livre ses secrets qu'à la condition d'une poursuite consciencieuse et persévérante, d'une sérieuse étude et d'une longue pratique. Or, comme cette conscience, cette patiente et laborieuse ardeur ne sont pas le fait du grand nombre, beaucoup doivent succomber par fatigue ou par insuffisance.

Que si, au contraire, nonobstant tous les obstacles que peut rencontrer son action, en dépit des défaillances de secours, des malveillances cachées ou des hostilités ouvertes, l'industriel saisi d'une affaire sérieuse et doué, d'ailleurs, des aptitudes nécessaires, se sent animé de cette foi profonde qui perçant les obscurités de l'avenir donne la révélation du succès, s'il sait résister intrépidement à une adversité transitoire et affronter les découragements du moment pour marcher toujours vers son but avec confiance et courage, nul doute, qu'à moins, je le répète, d'une incroyable fatalité, il ne parvienne, en fin d'efforts, à dompter toutes ces oppositions des hommes ou de la fortune et à voir sa persévérance couronnée par le succès.

Assurément, plus d'un exemple existe de ces heureux résultats d'une patience courageuse et intelligente : depuis le plus pauvre artisan jusqu'au plus notable des industriels, dans la plus chétive industrie comme dans la plus haute, ces exemples ne manquent pas, et ils autorisent à dire que c'est l'homme qui fait la chose, l'entrepreneur qui fait l'entreprise, à ce point que, même la chose étant médiocre, si l'homme est supérieur il la peut rendre excellente, tandis que si c'est l'entrepreneur qui pèche par insuflisance l'entreprise, la meilleure en elle-même, finira par succomber sous le poids de cette incapacité.

C'est sous ce rapport seulement qu'on peut penser à considérer l'industriel comme assimilé avec l'industrie, comme faisant corps avec elle : mais, au point de vue général, ils doivent être, je le dis encore, jugés abstractivement l'un de l'autre.

Certes, je ne prétends pas à faire, ici, du nouveau et à donner ces idées comme entrant pour la première fois dans le domaine de l'observation et de la publicité. Ce que je prétends c'est appeler de plus en plus sur elles l'attention du public, parce qu' elles peuvent servir soit à rectifier bien des faux jugements sur la marche de l'industrie soit à devenir, pour d'honorables industriels, un encouragement et une consolation qui les soutiendront dans leurs épreuves.

Quoi qu'il en soit de ces appréciations, il est un autre point de vue, d'importance majeure, auquel doit être considérée spécialement l'industrie, c'est celui qui est relatif à sa mise en œuvre sous le rapport de la finance et ce sujet si important mérite, par cette importance même, d'être traité dans un chapitre à part que je crois devoir lui consacrer spécialement.

CHAPITRE II.

DE L'INDUSTRIE ET DU CAPITAL, CONSIDÉRÉS DANS LEURS
RAPPORTS RÉCIPROQUES.

CHAPITRE II.

De l'industrie et du capital, considérés dans leurs rapports réciproques.

J'ai dit ci-dessus quelques mots sur ce qui se rapporte au contact nécessaire de l'argent avec le travail industriel.

Mais puisque j'ai touché cette question si grave, si vitale pour l'industrie, pourquoi ne dirais-je pas toute ma pensée sur ce point où il importe tant qu'enfin lumière complette se fasse pour que la force salutaire de l'opinion publique, (qui n'est que la quintessence des opinions particulières sortie du creuset de la discussion), vienne, par son imposante autorité, combattre et détruire de périlleuses tendances?

Bien d'autres, avant moi, je le sais, ont abordé ce sujet : nombre d'esprits prévoyants et généreux ont, au point de vue de la morale sociale, signalé les excès, les scandales de cet amour effréné des gros lucres, des profits monstres, qui s'est emparé d'une si grande majorité d'entre les possesseurs

de capitaux : Ils ont stigmatisé avec autant de vérité que de
force ce vice dominant de l'époque, ces aspirations quasi-
furieuses vers l'enrichissement subit, vers l'opulence acquise
sans travail et sans délai, en vue le plus fréquemment de
bien-être égoïste ou de honteuses jouissances. Ils ont cherché
à demontrer per quelle pente rapide et funeste ces déplorables appétits menaient la société à une démoralisation universelle, et les uns, par de vives images, les autres par une
entraînante logique, ont eu l'honneur d'un commencement
de réaction morale, qui, si peu prononcée qu'elle soit encore, donne pourtant l'espérance de la voir progressivement
grandir et nous ramener enfin dans la voie normale.

Certes, personne plus que moi n'est disposé à reconnaître
tout ce que de tels enseignements ont de noble et d'utile : Je
m'associe de grand cœur à ces chaleureuses protestations en
faveur du principe d'honnêteté publique et des règles du véritable honneur social : J'appelle de tous mes vœux ce retour
espéré vers un état moral plus propre à satisfaire les amis
du bien.

Mais, en même temps, ne puis-je me croire permis de
traiter la question sous une autre face, et si, m'agitant dans
une sphère plus modeste, je me borne au rôle moins brillant
lant d'observateur de ce que ces mêmes tendances offrent de
danger non moins certain pour les intérêts matériels de la
société se rattachant à la pratique de l'industrie, serai-je
réputé venir, ici, faire à faux, de la profession d'économie poli-
tique et soulever inutilement des questions déjà vidées ? Je
ne le pense pas, car l'on n'a point encore, que je sache,
abordé, au moins sous la forme de thèse directe et spéciale,
le point sur lequel je veux appeler l'attention du public, à
savoir la portée destructive qu'a pour l'industrie de mon

pays l'une des conséquences, si démesurément, si monstrueusement développée de ce désir de gros profits soudain réalisés dont je parlais tout à l'heure : J'entends par ceci l'abus, presque universalisé aujourd'hui, de l'emploi des capitaux en opérations d'achat et de vente des effets publics, soit, et pour parler franc, l'agiotage financier qui se donne si largement carrière sur toutes les places, grandes et petites.

C'est, là, le chancre qui dévore notre industrie, qui l'exténue et l'allanguit de plus en plus : c'est incontestablement, son plus mortel ennemi, et, quiconque tient à conserver au pays cet élément de richesse, lequel est aussi l'une de ses gloires, doit combattre, de toutes les forces de sa raison et de sa volonté, cet abus destructeur. Les raisons ne manquent pas pour en faire reconnaître la dangereuse portée; voici quelques-unes de celles qui servent de fondement à mes convictions.

Je n'aurai pas la simplicité de disserter longuement sur ce qui touche le lien réciproque par lequel sont unis si étroitement le capital et l'industrie : Chacun sait trop bien que l'idée industrielle, même la plus utile, reste frappée de stérilité, si l'argent n'est pas là pour la mettre en œuvre, de même que, si les entreprises multiples de l'industrie étaient exclues du cercle dans lequel il faut que se meuve le capital pour lever son tribut légitime sur le travail général, évidemment, ses profits honnêtes et avouables s'en trouveraient singulièrement réduits et même quasi annulés.

Car, je l'ai dit et je le répète, ce qu'il faut entendre par l'industrie, c'est l'action large et complète du travail de l'homme appliqué à la production de toute chose utile à la société, soit pour ses besoins, soit pour ses plaisirs. Tous les arts, depuis le plus noble jusqu'au plus futile, sont ses tribu-

taires obligés : sans elle, ils resteraient inconnus ou station-
naires ; c'est par elle, qu'il est donné à leurs merveilles de
frapper nos yeux, de charmer notre esprit, ou de satisfaire
aux diverses nécessités de la vie sociale. Que deviendrait la
pensée elle-même, ce germe précieux de civilisation, sans
l'œuvre industrielle qui, pour ainsi dire, matérialisant son
intellectualité, se charge de la féconder pour les âges qui suivent ? Oui, l'industrie s'étend et s'applique presque à tout
chez l'homme vivant en société, et l'entrave apportée à son
développement est un fait qui atteint celle-ci dans ses intérêts les plus réels : c'est une faute énorme commise envers
elle : c'est un crime de lèse-humanité !

Ce n'est pas à dire, toutefois, que, quelle que puisse être
l'excellence de son principe, l'industrie mérite toujours d'une
manière absolue cet hommage de la part de tous. Des choses
de l'humanité aucune n'est parfaite et celle-ci a, comme
toutes les autres, ses déviations et ses intermittences.
Intimement liée d'ailleurs aux combinaisons de l'intérêt
commercial elle en doit retenir quelque chose et ne peut
toujours se défendre de ses faiblesses, de ses exagérations
dans le vrai et de ses habiletés trop fréquentes à spéculer sur
le faux. Mais ce n'est pas là ce qui peut, ce qui doit enlever
à l'action industrielle les sympathies du bon citoyen, car c'est
l'exception et non pas le principe ; ce n'est pas la règle, c'est
l'abus. Il y a, là, sans nul doute, matière à répression sévère
de ces abus, par le pouvoir social, qui a la mission et le devoir de diriger dans le sens à la fois le plus utile et le plus
moral toutes les forces vives de la société, mais ce ne peut
pas être un motif légitime de défaveur ou de mulctation pour
l'exercice de l'industrie, prise dans sa généralité.

Je me crois donc, sous tous les rapports, fondé à soutenir

d'une part, que les applications de l'industrie et son développement bien ordonné sont au premier rang des nécessités
sociales : D'autre part, que c'est un véritable malheur public quand le capital se retire des opérations industrielles et
qu'il les délaisse pour d'autres spéculations, qu'elles soient,
d'ailleurs, plus ou moins raisonnables ou licites. Je crois cette
double conséquence de ce qui précède, trop évidente et trop
peu contestable pour m'évertuer davantage à la justifier.

Or, que voyons-nous de nos jours, et depuis trop longtemps déjà, dans la vie des affaires ?

Nous voyons le courant du capital mobilier détourné, de
plus en plus, de la voie des entreprises industrielles, poussé,
précipité qu'il est d'un autre côté par les appétences et les
frénésies que nous savons.

Nous voyons les opérations de l'industrie délaissées à ce
point que les plus sérieuses attendent néanmoins des années
entières, et même parfois en vain, le fonds d'établissement
et de roulement nécessaire à leur fructification : Et cela
quand, à la Bourse de Paris, comme à celles de toutes les autres parties du territoire français, l'argent surabonde et s'y
va engouffrer dans les opérations de l'agiotage le plus étendu,
disons mieux, le plus désordonné. Nous voyons toutes les
branches diverses d'exploitation de l'idée industrielle s'exté-
nuer et dépérir faute de ce suc nourricier si indispensable à
leur alimentation, lorsque, tout au contraire, le capital se
donne, se livre de toutes parts avec le plus incroyable abandon aux mains des hommes de l'agiotage, soit pour l'appliquer à ces jeux réprouvés à la hausse et à la baisse sur les
effets publics, soit pour l'emploi, moins digne encore peut-
être, à ces opérations de REPORT qui ne sont, au fond, qu'une

audacieuse perpétration d'usure. Le report est-il, en effet, autre chose, je le demande, qu'une convention de prêt sur gage dans laquelle tout est léonin de la part du prêteur? N'est-il pas manifeste que, dans cette nature d'opération, le capitaliste pesant sur le joueur, qui lui emprunte, de tout le poids de l'impérieuse nécessité pour celui-ci d'éviter une *exécution* qui le ruinerait, lui fait la loi la plus dure, bien que ne courant lui-même aucun risque ? En effet, il ne prête ses espèces que sur bonnes valeurs réalisables dans la quinzaine, et même à l'égard desquelles il a bien soin de se mettre à couvert contre la moins-value par un énorme rabais au-dessous du nominal ou plutôt de la cote du jour ; et c'est ainsi que, pour s'assurer des intérêts tout-à-fait exhorbitants de son avance d'un moment, il affronte le scrupule d'exposer le malheureux emprunteur, au bout de quelques reports successifs, et comme conséquence nécessaire de tous ces prétendus secours, à une autre ruine encore plus inévitable !

Que les hommes de Bourse se soient entendus pour voiler, pour décorer ces opérations, plus qu'équivoques, d'un nom qui en sauve aux yeux du vulgaire et même peut-être bien à leurs propres yeux, (la faculté de perception du sens moral s'oblitère facilement dans une existence semblable !), le caractère éminemment reprochable : Qu'ils aient affublé du titre, certes fort innocent en lui-même, de *spéculateur*, le joueur et sa sangsue le reporteur, je le comprends, et, jusqu'à un certain point, je le trouve fort naturel : *Tout mauvais cas est niable*, a dit la sagesse des nations : Mais c'est là, il faut le reconnaître, un palliatif bien faible et le bon sens du public ne s'y trompe guère. De fait, qu'est-ce que, cette tentative de déguisement peut amener pour quiconque attache quelque prix à la logique? Rien assurément qui réponde à son but : En dépit de l'apparence, cela, au fond, ne change rien à la chose, car c'est la nature même de l'opération qu'il faut considérer non pas son appellation, et, quoi qu'il fasse, jamais le *spéculateur* à la hausse ou à la baisse ne sera, en bon français, rien autre chose qu'un joueur, de même que le *spéculateur* qui lui prête, en report à *quinze, vingt, trente pour cent* et plus, suivant les temps, LES MAINS GARNIES, ne saurait être, lui, non plus, qu'un usurier.

Tel est pourtant l'édifiant spectacle journalier que nous offre, à chaque pas, l'immense majorité du peuple qui sacrifie dans le temple de la Bourse ou dans ses abords.

Et comme si ce n'était pas encore assez du zèle des cupidités individuelles pour alimenter cet ardent foyer de la spéculation du parquet ou de la coulisse, voici que des BOURSES COMMUNES ont été proposées avec la promesse de bénéfices mensuels fabuleux (1) en vue de convier jusqu'aux plus petits capitaux (auxquels, isolés, l'abord ne leur en eût pas été possible) à ce banquet de la spéculation échevelée, à cette grande orgie de la finance du jour. L'appel devait être entendu : éveillée, excitée par cet appât, une foule énorme de ces convoitises du tiers-état des capitalistes s'est ruée sur lui avec ardeur : De ces innumérables petits filets d'espèces sonnantes bientôt des ruisseaux, des torrents se sont formés et des caisses-monstres en ont été remplies à comble, lesquelles dotées de dizaines, que dis-je, de centaines de millions, ont, à l'aide de cette ample moisson de numéraire, inauguré dans

(1) J'ai à ma disposition, des documents imprimés et publiés par lesquels l'annonce des bénéfices de ces opérations de Bourse, est portée *jusqu'au taux de* 50 *et* 60 *pour* 0/0 *par an.* On voit si j'exagère !

les proportions les plus grandioses, l'ère du jeu et de l'agiotage, régulièrement organisés pour la plus grande gloire du
principe de l'association !

Car les belles phrases n'ont pas manqué aux pompeuses
annonces de ces pauvretés morales, et c'est surtout l'admi-
rable puissance du système de la collectivité qui a été in-
voquée par les initiateurs du mouvement afin de faire d'autant mieux effet sur la clientèle qu'ils convoitaient, charmée
elle-même apparemment de pouvoir placer ses appétits secrets sous la sauvegarde d'une idée économique avouée de
tous , quel que fût d'ailleurs, ici, le vice manifeste de son
application : si en effet, le principe de l'association mérite
d'être placé au premier rang de ceux par qui se féconde la
société, c'est lorsqu'il est mis au service d'une idée morale
et utile, et par cela même, lorsqu'au contraire on ne l'emploie
que comme véhicule de passions mauvaises il n'a plus droit à
cette estime et ne mérite que la réprobation des gens de bien.

Mais, détournant nos regards de ce spectacle nauséabond
de la Bourse et de ses scandales, voyons combien, sous d'autres rapports encore, cette avidité furieuse, sans frein comme
sans limites, porte de fruits malheureux et déplorables. N'est-
ce pas à elle, en effet, qu'il faut rapporter, en grande partie,
les causes du trouble si regrettable qui règne aujourd'hui
dans le champ des affaires du commerce et de l'industrie ?
N'est-ce pas à la folle exagération et du nombre et du chiffre
social des entreprises de toute nature enfantées par cette
inextinguible soif de gros profits, et à l'incalculable dispro-
portion qui en est résultée entre la somme des engagements
réciproques et celle du seul fonds circulant qu'il faut attribuer surtout la majeure partie de ces innombrables sinistres

qui sont venus, depuis peu d'années, en affligeant l'industrie, assombrir et borner ses horizons?

Je ne parle pas ici, on le comprend, de ces entreprises innommées qu'on a vues, dans un temps rapproché de nous, pulluler sur le sol industriel ; de ces opérations de bas étage, bourrées de déraison, de ridicule, et trop souvent de dol plus ou moins bien dissimulé, qui se sont offertes en appât aux faibles intelligences ou aux cupidités aveugles pour les mener en peu de temps à leur ruine au profit des honteux initiateurs de ces stupides combinaisons ou de ces indignes tromperies. Ce sont là des exceptions dont, toutes nombreuses qu'elles aient été, il ne serait pas juste de faire rejaillir les mauvais reflets sur la bonne industrie ; des sinistres sortis d'une pareille cause, il faut tenir fort peu compte à l'égard de ceux qui s'y laissent prendre : ce peut être même une leçon utile à beaucoup, afin de les rendre plus attentifs ou moins aventureux.

Mais j'entends parler des entreprises sérieuses, auxquelles il n'a manqué que de venir dans un temps d'ordre moral et de raison publique pour prospérer, et qui, jetées au contraire dans ce chaos, ont vu s'éloigner d'elles le subside nécessaire à leur alimentation pour le voir prodiguer aux folles spéculations dont je viens de parler, et qui dès lors ont dû crouler faute de cet appui ; or, je dis que c'est là une autre cause d'accusation contre le sentiment d'avidité désordonnée qui a produit ce résultat, et qu'il le faut rendre, à ce titre, solidaire des malheurs sous le poids desquels gémissent, de nos jours, le commerce et l'industrie sagement et honorablement exercés.

Que dirai-je ici, de cet autre excès du sentiment mauvais dont je parle, de l'avidité de certains spéculateurs d'un autre ordre : de ces dangereux accapareurs du signe monnétaire, qui, par l'appât du gain à faire sur la démonétisation, s'emparent à tout prix, c'est-à-dire, moyennant des primes fort élevées, d'une si grande part de nos espèces d'or et d'argent, (s'attachant surtout à celles du meilleur titre), pour les dénaturer par la fusion, les transformer en lingots et les expédier ainsi à l'étranger ? Je dirai que c'est là un abus blâmable, au premier chef, de l'esprit de spéculation : je dirai que c'est une félonie véritable envers le pays tout entier : qu'en retirant ainsi de la circulation un numéraire nécessaire à son jeu normal, on en interrompt, on en trouble le cours régulier, l'on rompt son équilibre et l'on engendre les sinistres du commerce et de l'industrie : Je dirai que la liberté qu'invoquent pour la défense de transactions de cette nature les étranges négociants qui les pratiquent, c'est de la licence, et qu'en un état bien réglé, il faut que l'intérêt général réprime toute action des intérêts particuliers qui le met en péril : Je dirai qu'il y a autant de raison et de légitimité à interdire la démonétisation du numéraire que sa contre-façon : Je dirai enfin qu'il n'y pas de motifs moins valables de s'opposer à l'exportation de l'or et de l'argent quand il y en a disette, qu'à empêcher l'exportation du blé quand le pays est menacé de la famine.

Et c'est là une occasion, que je saisis avec grand empressement, de rendre tout hommage au Pouvoir qui nous régit, pour avoir si bien compris ces vérités, pour avoir fait, dans les limites de la plus stricte légalité, tous ses efforts pour réfréner les excès de l'illicite commerce signalé tout à l'heure ; si j'avais un vœu à formuler sur ce point, ce serait de voir le Gouvernement appliquer ici jusqu'à sa plus extrême conséquence le principe de salut public dont il est le plus haut et le plus souverain dépositaire. C'est là un souhait dont il est permis d'espérer l'accomplissement, quand on a des convictions aussi fortement arrêtées que les miennes, et sur les dangers de l'abus dont je viens de parler et sur la volonté généreuse du Pouvoir d'en sauver au pays les effets désastreux (1).

Quoi qu'il en puisse être de tout ce qui vient d'être dit envisagé au point de vue de la morale publique, ce n'est point, là, la thèse à laquelle je me suis voué : Je n'ai à m'occuper en ce moment que des effets tout matériels, tout positifs qui en découlent, pour ce qui touche les intérêts de l'industrie.

Considérant donc les choses sous ce seul aspect, je demande comment une situation semblable à celle qui a été créée par toutes les causes diverses que je viens de décrire, aurait pu ne pas causer une perturbation profonde dans les rapports existant précédemment entre le capital mobilier du pays et les principales branches d'exploitation de ses forces productives ?

Il est manifeste que cette sorte de machine pneumatique à double et triple effet, pompant incessamment, absorbant, au profit de la spéculation boursière ou monétaire, presque tout le fonds disponible, il en devait résulter forcément l'impossibilité à peu près absolue d'obtenir de lui les portions nombreuses et importantes entre lesquelles il se fractionnait naguère pour répondre aux diverses exigences des services en question, c'est-à-dire, et notamment, du mouvement des transactions hypothécaires, de l'alimentation des travaux de l'agriculture, et du subside nécessaire à l'établissement ou au roulement des grandes entreprises.

(1) Pendant que cet écrit est sous presse, j'apprends qu'en effet le Gouvernement prépare des mesures efficaces à ce sujet.

Des deux premiers objets, je n'ai point à m'occuper, si ce n'est pour constater, quant à l'un, la fermeture presque complète du marché des prêts immobiliers (1), fait si regrettable dans l'intérêt de la propriété foncière : et, quant à l'autre, pour déplorer, comme citoyen et ami du peuple, le délaissement et les misères qui sont, au regard de l'agriculture du pays, la conséquence de cette pénurie de secours et d'assistance financière créée par les causes signalées plus haut.

Pour ce qui est de l'industrie, évidemment la même cause devait produire des effets analogues et elle n'y a pas manqué. Je les ai sommairement indiqués dans les pages qui précèdent, mais je ne croirais pas avoir atteint, à cet égard, le but que je me suis proposé dans le présent chapitre si je ne m'appesantissais pas sur certaines des conséquences en question, qui impliquent le plus l'intérêt industriel et qui constituent le préjudice le plus grave, l'atteinte la plus désastreuse qui lui aient été portés.

Je m'explique :

Dans toute entreprise de l'industrie, ce qu'il faut, dès l'abord, considérer au même degré d'importance que l'utilité sérieuse de l'objet, que l'honnêteté de la constitution, et que l'aptitude du gérant, c'est assurément ce qui touche le fonds numéraire de la société. Il faut, à peine d'imprudence grave, qu'avant de s'engager dans l'exécution, ce fonds soit assuré, non pas seulement par des souscriptions qui, même procédant de personnes parfaitement solvables, peuvent souffrir des

(1) Consultez la généralité des notaires de France, elle vous dira que le prêt hypothécaire, qui donnait lieu à un si grand mouvement de capitaux dans les études, sur tous les points du territoire, n'existe pour ainsi dire plus aujourd'hui.

embarras dans leur traduction en écus, mais bien par
des versements effectifs, sinon à concurrence de tout le
capital social, du moins dans des proportions telles que
le développement presque complet devienne possible à l'aide
du premier fonds réalisé. Ceci est indispensable soit afin
que le complément arrive avec d'autant plus d'empressement et de facilité, soit même pour qu'il se puisse faire
avec une certaine plus-value des titres de la société, assise sur
des résultats réels et sérieux. Il n'est, en effet, dans une affaire
d'industrie, de plus-value légitime, de *prime*, puisque c'est
le mot consacré, qui soit non pas seulement honnête mais
même durable, que celle qui se justifie d'elle-même par des
bénéfices prouvés, excédant le 5 ou 6 p. $^{\circ}/_{\circ}$ d'un placement
courant. A dire vrai, pourtant, certaines affaires de ce genre,
sans avoir même atteint encore, en bénéfices réalisés, la repré-
sentation de ce taux d'intérêt, offrent, toutefois, des expectatives si certaines d'avantages très-supérieurs qu'alors il n'y
a rien ni d'étonnant ni d'illégitime à ce que l'opinion, escomp-
tant cette valeur d'avenir, pousse les titres qui y donnent droit
à une plus-value pouvant atteindre à des proportions très-éle-
vées ; mais ces cas sont rares, par malheur ; ces affaires sont
des affaires d'exception et il ne serait pas sage d'en faire la base
d'une règle à suivre. En tout cas, il est bien clair que, tant
que des titres restent à émettre par la société, il ne se peut,
même à l'égard de ces affaires exceptionnelles, qu'une prime
s'établisse, puisque chacun peut avoir encore ces titres au pair
en s'adressant à elle. Il est vrai que, dans la situation des
choses dont nous venons de parler, il arrive souvent que la
souscription du reste des actions, ou par l'un des intéressés ou
par un spéculateur étranger à l'affaire jusque-là, vient donner
ouverture à la formation régulière de la prime, puisque, dans le
fait, la souscription des titres sociaux se trouve ainsi épuisée.

Il peut arriver encore que, toujours dans le cas supposé ci-devant, la société, sûre de son avenir et ne doutant pas de l'écoulement de ses titres avec plus-value, prenne le parti de n'émettre qu'à une prime qu'elle aura fixée elle-même le surplus de ces mêmes titres ; mais alors la régularité exige qu'elle fasse publier la clôture de sa souscription d'actions au pair et l'ouverture de sa délivrance d'actions à prime. Nul n'a droit alors de se plaindre, car la société est bien et dûment restée maîtresse des actions non encore souscrites, et le public a été prévenu qu'elle n'en délivrait plus au pair : tous les droits comme tous les intérêts ont été ainsi sauvegardés.

Après cette digression, que peut-être on ne trouvera pas sans utilité, mais à laquelle d'ailleurs il serait bien désirable de voir une application plus fréquente qu'elle n'a chance d'en avoir, je reviens à la question du fournissement du fonds numéraire de la société.

Le moyen normal c'est, on le sait, la souscription publique des actions, et, dans des temps quelque peu déjà loin de nous, c'était là une opération toute simple, qui avait sa marche toute tracée et ses résultats pour ainsi dire écrits d'avance. Il ne s'agissait que d'un peu plus ou d'un peu moins de temps d'ouverture de la souscription pour que les registres à souche se vidassent de titres, et pour que la caisse se remplît d'espèces : c'était là l'affaire du gérant et du public, sans intermédiaire obligé entre eux.

Mais cet âge d'or des souscriptions n'a pas duré longtemps et un véritable âge de fer lui a succédé. Soit effet de la concurrence illimitée entre les appels faits au public par les innombrables sociétés qui se sont produites sur le marché industriel, soit résultat forcé de la puissance croissante de l'argent et de son envahissante influence sur toutes les affaires de notre vie sociale actuelle, une idée s'est produite et s'est bientôt emparée de tous les esprits : c'est qu'une souscription d'actions n'est possible, quelle que soit l'entreprise, qu'en se plaçant sous le patronage d'un nom de finance ; de là, nécessité pour tout créateur de société, d'avoir recours à un banquier pour *lancer*, comme on dit, son affaire et pour arriver en conséquence à la réalisation de son capital.

Mais, grand Dieu ! quelle lourde tâche lui est ainsi imposée, et au milieu de quelles perplexités se trouve lancé lui-même le malheureux fondateur, ou le plus malheureux gérant, auquel a été délégué le soin de la formation du fonds numéraire de sa société !

Certes, je n'entends pas faire ici de la satire en bloc et proscrire en masse tous les hommes de finance : il en est, je le sais et je le dis parce que j'en ai la preuve par moi-même, qui méritent toute estime, qui sont dignes de toute sympathie, et, sans la crainte d'être indiscret en face de leur modestie, j'aurais eu, je l'assure, une jouissance véritable à mettre des noms propres en regard de mes paroles (1). Mais, hélas ! si plus d'un spécimen honorable peut être cité, que nous sommes loin du cas où ce serait là, par bonheur, le plus grand nombre ! Combien n'en est-il pas, parmi ces hommes s'agitant dans le tourbillon de la finance, aux yeux desquels l'industriel, même le plus digne d'intérêt, qui se présente à eux pour réclamer leur appui en faveur de l'affaire la plus loyale, n'est guère, par le temps qui court, qu'une proie à saisir pour la dévorer, qu'un ennemi dont il faut chercher le moindre dé-

---

(1) C'est à l'une de ces digues exceptions que j'ai dû la circonstance heureuse par l'effet de laquelle mon entreprise des Mines de Saint-Georges s'est vue dotée de tous les moyens financiers nécessaires pour son complet développement.

faut de la cuirasse pour y enfoncer le fer ! Je parle ici, tout
à la fois, et de l'industriel honnête qui ne peut-être accusé
d'aucune manœuvre reprochable envers le capitaliste pour
le tromper sur la valeur réelle de sa chose, et de l'homme
d'argent qui ne se fait pas scrupule de sacrifier l'homme d'industrie à ses appétits désordonnés en se targuant auprès de lui
d'un crédit chimérique : dans cette double et réciproque hypothèse, qui n'est pas sans exemple, l'on peut dire que l'homme
de finance est, à l'égard du gérant qui s'abandonne à lui (et
presque tout gérant qui veut former son capital est dans la
nécessité de s'abandonner au capitaliste!) dans la situation
du tentateur en face du pauvre hère, délaissé de Dieu, qui
cherche, au prix de son âme, à se saisir d'un bien ardemment
souhaité : Satan, qui le convoite, fait miroiter devant lui, sous
ses mille faces les plus séduisantes, l'espoir qui l'obsède : Il
lui fait apparaître, à travers ce prisme décevant, le succès le
plus flatteur venant couronner ses efforts : il lui montre dans
une perspective qui l'éblouit et le fascine, les honneurs, la ri-
richesse , tous les biens de ce monde lui arrivant avec ce succès, si brillant et si doux ! Pour tant de faveurs, de prospérités
entassées, que demande l'esprit malin ? Presque rien, en comparaison..., une simple signature !... Le tenté cède, il signe,
et le tentateur, en échange d'une éphémère faveur qui ne lui
coûte rien, reste maître de ce que le malheureux avait de
plus précieux au monde !

Ainsi le capitaliste, ainsi le gérant : le premier, en échange
de cette promesse d'influence qui semble décisive au gérant
pour le succès de sa souscription, exige de lui des conditions qui font au capitaliste la meilleure part dans l'avenir
social : Et quant au second, il n'est pas longtemps à s'apercevoir, ou que les promesses de l'homme de finance ont été

bien au-delà des résultats réels, ou que le prix dont elles ont été payées a exténué l'affaire, paralysé sa marche et conduit l'entreprise à sa ruine aussi bien que lui-même, en le faisant passer par mille épreuves les plus poignantes qui ne lui ont pas même laissé, en retour de ses imprudentes concessions, un seul moment de calme et de faible jouissance ! Au moins Satan avait-il tenu sa parole en quelque chose !...

Cette dure pression, exercée par un trop grand nombre de capitalistes sur tout industriel qui a recours à eux, a deux causes principales qu'il faut mettre sur la même ligne : l'une, est normale et procède de la nature humaine, prise sur le fait dans ses moins bonnes tendances. C'est l'exagération de l'intérêt personnel arrivée à l'état d'avidité : Cette disposition, trop naturelle dans le plus grand nombre, a reçu, de nos jours, un surcroît bien fâcheux de force et d'ardeur qui, pour sembler porté au comble, n'a peut-être pas pourtant fourni encore toute sa triste carrière de progrès ascendant et qui menace de semer, de plus en plus, la marche et le mouvement des affaires, d'embarras, de complications dont l'industrie, surtout, doit avoir encore, il ne faut pas se le dissimuler, singulièrement à souffrir. A cette cause de désordre le remède est bien difficile : Puisse-t-on le trouver plus promptement que je ne l'espère !

La seconde cause des exigences des capitalistes dont nous parlons envers l'industriel, c'est l'état du marché des capitaux, dû aux circonstances que nous avons signalées ci-dessus.

La préoccupation presque universelle qui porte les esprits vers les opérations de finance et de pur agiotage : l'exemple de quelques fortunes subites, obtenues dans des proportions quasi gigantesques par d'heureux coups de Bourse, plus ou

moins licitement frappés : La renommée des profits énormes
réalisés journellement par les capitalistes qui emploient leurs
fonds en reports : la publicité donnée, à grand renfort de
journaux, aux résultats obtenus ou déclarés des opérations
exclusivement boursières faites par les diverses sociétés qui
se sont établies, en vue d'appeler à elles, à cet effet, les petits
capitaux : enfin l'action puissante des grandes compagnies de
crédit, qui ont, les premières, donné cet exemple dans des
proportions plus larges et dont les caisses, gorgées de millions, n'ont guère d'autre emploi que celui des opérations sur
les effets publics ou du report exécuté dans des proportions
hors ligne : Toutes ces circonstances ont manifestement forcé
le capital flottant du pays à changer sa direction précédente et
à se porter vers le point où s'ouvrait pour lui la perspective de
gains beaucoup plus considérables et plus promptement réalisés. Je ne dis pas que ces gains ne soient pas, par contre, beaucoup plus aventureux que ceux auxquels ils se sont substitués :
Je ne dis pas que, tôt ou tard, plus tôt même qu'on ne pense,
le capital, à la suite de plus d'une des catastrophes qui sont
inhérentes à tous les aléas les plus favorables en apparence,
ne finira pas par revenir aux anciens errements de son emploi : Je ne parle pas enfin de la nature peu ordonnée et peu
morale des emplois du jour : L'argent n'a pas ces délicatesses
et, plus encore que la loi, LE CAPITAL EST ATHÉE : loin qu'il
croie à rien, il lui arrive même quelquefois de ne pas croire
à sa propre valeur. Je dis seulement qu'aujourd'hui, par toutes
ces causes ci-dessus déduites, il est à toute autre chose qu'à
l'industrie : Qu'à tort ou à raison il se détourne d'elle : qu'il
la délaisse pour courir, follement ou non, à d'autres combinaisons, et qu'enfin par cette retraite presque universelle de
l'argent sa pénurie sur le marché industriel sert de prétexte,
ou si l'on veut même, de motif acceptable au capitaliste

pour ne le livrer à l'industrie qu'à des conditions éminemment onéreuses pour elle. Mais ce sont ces conditions mêmes qui font la ruine de l'industriel et qui finiront, si les choses doivent rester longtemps ainsi, par décourager complètement quiconque de se livrer désormais à aucune opération obligeant de recourir au capital.

Encore, si le capitaliste n'exerçait sa rapacité que sur des résultats acquis, sur des profits réalisés, il n'y aurait que demi mal, car, au moins alors, resterait-il quelque chose à l'industriel; mais, non, il faut qu'il prenne, avant tout le monde, l'argent de tout le monde : Il faut qu'il écrême, qu'il écorne non pas seulement les profits, mais le fonds lui-même ! Veut-on savoir comment il s'y prend pour arriver à cette fin ? le voici :

Qu'une entreprise se présente au capitaliste, avec un apport social réel et porté à une somme raisonnable au profit de l'industriel qui a fait cet apport ; que le fonds social soit aussi calculé dans des conditions de modération et de prudence, eu égard à la nature de l'entreprise et du déboursé social qu'elle peut exiger avant sa mise à l'état de produit, aussi bien que du fonds de roulement dont elle aura besoin ; il semble que ce soient là des gages de confiance, de sûreté pour l'avenir de l'affaire, et que le capital doive se montrer d'autant plus disposé à s'y engager.

Mais, ce n'est pas ainsi que raisonne l'homme de finance dont je m'occupe ; ce qu'il cherche, ce n'est pas la sécurité de l'avenir, c'est le profit du présent et c'est le profit le plus exagéré, dût l'affaire crouler un peu plus tard sous le coup des sacrifices qu'il faut qu'elle fasse pour répondre à ses désirs de gros bénéfices sans chances de perte.

Il commence donc par exiger que le prix de l'apport soit augmenté considérablement pour qu'une grande part lui en soit attribuée ; puis, il fait doubler, quelquefois tripler la somme du fonds social, afin de pouvoir se faire donner, en prime, une grosse part d'actions. Enfin, il lui faut, de plus, une remise immédiate en numéraire qui est réputée devoir être dépensée en frais de publicité ; car, c'est là aussi, grâce au point où ont été poussées les choses sous le rapport des imitations anglaises et américaines, l'une des plaies vives de l'industrie ; et le tribut forcé qu'elle paie aux négociants en annonces n'est pas la moindre des difficultés que rencontre une entreprise à son début, vu l'élévation extraordinaire des tarifs de cette étrange marchandise, de laquelle il ne reste si souvent au pauvre acheteur que d'inutiles amas de papiers à poivre ou à café.

Après que le malheureux gérant en a passé par toutes ces exigences et livré sa position, le premier soin du capitaliste qui a ouvert la souscription, c'est d'appliquer à son compte personnel les premiers versements de numéraire effectués par les souscripteurs, en cédant à ceux-ci ses propres actions (qui ne lui ont rien coûté) en échange de leurs écus : Il n'entre ainsi d'argent dans la caisse sociale qu'autant qu'il en est entré assez dans la caisse personnelle du banquier pour épuiser la quotité des actions qu'il a émises à son propre compte : heureux encore les souscripteurs de ces mêmes actions quand, par une manœuvre que réalisent assez fréquemment les plus habiles d'entre ces *faiseurs* du capital, ceux-ci n'ont pas cru devoir leur faire payer les actions au-dessus du pair à l'aide d'une prime factice, qui quelquefois a augmenté de 15 à 20 p. °/₀, au profit du capitaliste, le bénéfice que l'émission lui a valu.

Ici un mot d'explication pour que mes paroles ne puissent être étendues au delà de leur sens. J'ai rendu hommage aux hommes qui exercent le patronage industriel dans des conditions nobles et loyales : c'est assez dire que lorsque je parle avec indignation de ces vautours de la finance qui rongent incessamment les entrailles de l'industriel, à Dieu ne plaise que j'entende comprendre dans cette réprobation les hommes honorables de la banque de Paris et de la France, qui, financiers sérieux, banquiers de la vieille roche, ont su, en grand nombre, se préserver de cette contagion. Ce que j'ai voulu, c'est stigmatiser, comme ils méritent de l'être, ces financiers de mauvais aloi, ces soit disant banquiers de fraîche date, qu'en dépit de leur quittance de patente j'appelle banquiers de contrebande, dont Paris surtout a produit depuis deux ou trois ans une quantité si malheureuse et si regrettable.

Ces hommes, pour la plupart profondément inconnus du monde des affaires et de la finance, on les a vus surgir tout à coup, ouvrir, avec fracas, avec luxe et à grand renfort d'annonces, dirai-je des comptoirs ou des boutiques de banque, et, faisant sonner bien haut leur fonds d'opération, de cinq, de dix, de vingt millions à les entendre, se proclamer disposés à seconder de leur concours les entreprises de toute nature.

Or, veut-on savoir le vrai de ces pompeuses apparences ? le voici : Ce comptoir ouvert, c'est un appât offert à l'industriel pour qu'il se livre avec plus d'abandon à la foi de l'exploitateur de sa crédulité : Ce fonds social, ces millions en caisse ou en crédit, c'est un leurre pour l'amener plus facilement à subir les exigences, les exactions auxquelles on va le soumettre. Du banquier, il n'y a rien que les formes sévères ; de la Banque, il n'y a rien que la forte caisse ferrée exposée à la vue de tous : Du capital, il n'y a rien que les hâbleries de l'annonce ; aussi se garde-t-on d'en donner la moindre parcelle au pauvre fondateur d'entreprise : bien mieux, c'est sur lui-même que l'on compte pour créer le simulacre extérieur de ce capital, au moyen des parts énormes d'actions qu'on lui fait donner et de la circulation pour laquelle on cherche à faire à tout prix argent de ces titres.

Et puis, quand vient le moment de la réalisation espérée pour le pauvre client, ce qui se réalise le plus fréquemment c'est la disparution du patronage et du patron, quand ce n'est pas l'apparition de celui-ci sur les bancs de la police correctionnelle. Je m'abstiens de citer les exemples, mais ils sont presque journellement sous les yeux ou dans les souvenirs de chacun.

Certes, je suis plus que personne partisan de la liberté du commerce, de l'industrie et des transactions entre les citoyens, mais, pourtant, je me suis plus d'une fois demandé pourquoi le Pouvoir n'interviendrait pas, plus souvent et plus tôt, dans ces sortes d'affaires et comment les hommes dont je parle auraient en quelque sorte le privilége de la tromperie et de la déception en jouissant d'une aussi grande latitude que celle qui leur est laissée. Pourquoi, en effet, n'obligerait-on pas, par mesure de surveillance préventive, quiconque ouvre un comptoir de finance, à justifier de la réalité de son fonds de caisse et de roulement? N'éviterait-on pas ainsi bien des atteintes à la morale publique et des préjudices à l'industrie?

Ceci bien entendu, et revenant à notre texte, comment maintenant, veut-on que puissent se soutenir et prospérer des entreprises qui ont à subir de pareils assauts à leur début ou pendant leur cours ? On s'étonne de leur chute en récapitulant tous les gages de durée qui s'offraient à l'espoir de l'intéressé sérieux : On s'indigne contre la direction qui leur a été donnée, un concert de malédictions s'élève de toutes parts contre le gérant, et l'on ne réfléchit pas que le malheureux succombe sous le coup des mortelles blessures que lui a faites le capital et sous le poids des charges dont l'ont accablé d'iniques exigences ; exigences auxquelles, sans doute, il a eu le tort de se soumettre, mais qui, le plus souvent, lui ont été arrachées par la nécessité, ou conseillées par l'espoir de franchir un mauvais pas et de mener à bien les intérêts de tous.

A ces rigueurs désastreuses des hommes de finance dont il vient d'être parlé envers l'industrie, que pourrait-on objecter de leur part en vue de les expliquer et de les justifier ? Rien, assurément, rien, du moins, de raisonnable et d'acceptable. Le tort est flagrant et ses conséquences sont si graves comme préjudice porté à l'intérêt général qu'il faudrait, en vérité, plus que du courage pour entreprendre la défense de cette cause désespérée.

Je n'ignore pas que, pourtant, certains envisagent la question sous une face toute autre, à l'aide d'idées qui, si elles étaient admises, pourraient donner à la façon d'agir des hommes dont je parle, sinon l'avantage de la légalité, au moins le bénéfice des circonstances atténuantes. Il y a, en économie, tout aussi bien qu'en philosophie, une école de libres penseurs qui, poussant jusqu'à des limites à peu près indéfinies la faculté d'action de l'homme social, lui confèrent un droit de libre arbitre bien étrange, en bien des choses. Pour ces grands docteurs, par exemple, l'usure n'est qu'un mot, et la

loi qui la proscrit, qu'un non-sens ou une erreur de légiste.
L'argent est une marchandise que celui qui la possède est
bien maître de vendre le prix qu'il veut, s'il trouve acheteur ;
c'est un meuble, qu'il loue pour un temps plus ou moins long
et à l'égard duquel il est assurément bien libre de faire
payer au locataire, qui y consent, la convenance, telle qu'ils
l'ont comprise et appréciée l'un et l'autre.

Tout cela est assurément fort beau et surtout fort curieux
comme raisonnement et doctrine économique : c'est de la
quintescence de logique anglaise ou américaine, et l'on sait,
ce dont, en fait de moralité publique ou privée, est capable
la largeur d'idées de l'Américain. — Le *grand peuple* veut
de la liberté en tout, mais surtout dans ses mœurs, à
tous les titres. Il n'est pour lui qu'une loi vraiment obliga-
toire : c'est la loi de l'*utilité*. A celle-là, il rend hommage
avec une ferveur sans égale et se montre toujours prêt à
lui tout sacrifier.

Si c'était l'utilité publique seule qui eût sur le citoyen des
Etats-Unis cette colossale puissance, il en pourrait bien sans
doute résulter souvent que la république de Wasingthon eût
besoin, comme la république d'Athènes, d'un Aristide qui lui
rappelàt « que l'*utile* doit être repoussé quand il cesse d'être
l'honnête. » Toutefois, il y aurait ici une tendance digne d'é-
loges ! Mais, vrai Dieu ! ce n'est pas ainsi que l'entend l'Américain ! La doctrine de l'utilité, c'est surtout à lui-même qu'il
l'applique et pour lui-même qu'il la pratique : de son accord
avec celle du juste et de l'injuste, il se soucie d'ailleurs fort peu ;
que son utilité à lui soit le mal de son voisin, c'est de quoi le
fier citoyen dédaignerait de se préoccuper le moins du monde !
Marchant dans sa force et dans sa liberté, il faut qu'en dépit
de tout il arrive à son but, lequel est son plus grand bien, et,

ce bien, il le prend à gauche, à droite, là où il le trouve, sans s'inquiéter jamais de rien autre chose que d'en augmenter incessamment la somme. C'est ainsi seulement qu'il entend la pratique du principe utilitaire, et ce dont je répondrais presque, c'est qu'il n'y a pas un Américain sur cent qui ait jamais pensé à être lui-même son Aristide !

Et voyez les fruits merveilleux qu'on peut attendre de ces belles doctrines, voyez la noble conséquence qu'en ce moment même les Américains du nord se préparent à tirer de leur grand principe utilitaire ; entendez les organes les plus accrédités de l'opinion publique parmi eux, leurs journaux quasi officiels de toutes nuances, proclamant la nécessité, créée pour le pays par les circonstances présentes, de se ruer de toutes parts sur le reste du Nouveau-Monde, de lancer sur lui ses innombrables armées de flibustiers, c'est-à-dire de porter en tous lieux, à la suite d'une invasion violente des territoires, le fer et le feu, d'organiser, en un mot, le brigandage international le plus immense, le plus éhonté, même sans le moindre prétexte de guerre bon ou mauvais, et cela uniquement parce que la masse inoccupée des citoyens des Etats-Unis a besoin d'un moyen d'exercer à l'extérieur sa dévorante activité (c'est-à-dire sa passion désordonnée de mouvement et de lucre), pour qu'elle ne devienne pas une occasion d'affreux désordres à l'intérieur : voilà, et ce n'est pas la jalousie de l'Ancien-Monde qui l'interprète ainsi, c'est le Nouveau-Monde lui-même qui, ouvertement, sans ambages, l'explique et l'affirme, voilà quelle est, à son sens, l'application *du principe d'utilité* dans sa large et haute acception, sanctionnée par l'assentiment de l'opinion publique ! Jugez de ce que doit être cette pratique dans la vie des affaires, et quand, s'exerçant dans une sphère plus occulte, dans le huis-

3

clos, pour ainsi dire, des relations individuelles, elle n'a plus pour règle et pour frein que l'arbitraire des cupidités privées !

Certes, sous l'empire d'idées de la nature de celles qui viennent d'être indiquées, on s'explique très-bien la raison qui autorise le possesseur de capitaux à en tirer les fruits les plus abondants possibles. L'on comprend sans peine qu'il vende son argent ou qu'il le loue au plus haut prix auquel il puisse atteindre, quelles que puissent être, du reste, pour son acheteur ou son locataire, les conséquences de l'exagération de ce prix : Qu'il s'en suive ou non, diront imperturbablement nos libres penseurs de l'économie publique, la ruine de l'un, ce n'est pas l'affaire de l'autre ; c'est un marché dans lequel chacun a dû défendre son terrain et apprécier à sa manière la question de l'utilité : tant pis pour celui qui s'est trompé dans cette appréciation !

A merveille, Messieurs les économistes de la nouvelle école, je me garderai de vous empêcher de vous complaire dans ces principes et dans ces déductions. Je vous accorde qu'en les considérant comme règle, la loi sur l'usure doit vous sembler illogique et stupide : Pourtant, j'oserai prendre la liberté grande de vous rappeler ici trois choses d'un certain poids, à mon sens, dans la question, à savoir :

Premièrement : Que pour que l'argent pût être réputé marchandise, ainsi que vous le dites, il faudrait apparemment que cette marchandise fût accessible à tout le monde ; et pour cela que la fabrication en appartînt à chacun, afin que pût s'établir à son sujet cette concurrence dont l'effet est de niveler les prix de chacune des choses qui sont dans le commerce et de les ramener à une commune mercuriale. Car, autrement, l'argent reste à l'état de privilége exclusif en faveur de ceux qui le possèdent et c'est de ce privilége qu'il faut que, dans l'intérêt public, la loi les empêche d'abuser : qu'ainsi votre analogie est fausse et que votre raison pèche par sa base.

Secondement : Qu'un marché entre deux parties est libre, sans doute, mais à la condition qu'il ne sera pas léonin pour l'une d'elles, sans quoi il est nul : Et que la loi a des dispositions sévères, qui prescrivent les lésions.

Troisièmement : Que suivant notre vieil axiome de droit : *Summum jus*, *summa injuria*, de même que suivant tous les principes de la conscience et de la sociabilité, ce mode rigoureux et offensif que vous préconisez d'exercer un droit même légitime, (et Dieu sait s'il l'est dans votre hypothèse), constitue une atteinte réelle et grave, non seulement à l'ordre moral, mais encore à la paix publique, en créant des motifs de récrimination et d'aversion trop bien justifiés entre deux classes de citoyens.

Du reste, et sauf le mérite de ces réflexions, je ne m'oppose, ni ne contredis en rien à vos principes importés du nouveau monde (qui, s'il continue, aura bientôt dépassé l'ancien en vices et en folies). Je déclare vous laisser parfaitement libres de vivre en France à la mode de l'Amérique, et de vous donner, à son imitation, les coudées franches pour la multiplication à l'infini des moyens les plus énergiques de faire produire à vos capitaux des fruits qui dépassent toutes les proportions reçues.

Mais, permettez en retour que, quant à moi, je continue à raisonner et agir suivant la morale et les lois de mon pays.

Donc, puisque le principe social et chrétien veut qu'on s'abstienne de faire pour son propre intérêt le mal de son prochain, puisque la loi sur l'usure, qui a sa raison d'être dans l'intérêt bien entendu de tous, reste parmi nous dans toute son autorité, souffrez qu'en adjurant, d'ailleurs, le pouvoir de persévérer dans la vigueur salutaire qu'il déploie journellement pour la répression des fraudes et abus de toute sorte qui affligent le commerce et l'industrie, j'appelle de sa part une attention toute spéciale sur les moyens de pourvoir à la guérison des plaies quotidiennes que leur cause la désolante avidité des hommes dont j'ai signalé les excès : Laissez-moi libre de m'élever de toute la force de mon âme et de mes convictions contre ces vampires financiers qui sucent jusqu'à épuisement le sang de l'industriel. Laissez-moi appeler toute la protection du Gouvernement et des tribunaux sur les tristes victimes que font chaque jour, dans le monde des affaires, ces mêmes hommes qui ne craignent pas de pousser, jusqu'à l'excès le plus scandaleux, les méfaits et les hontes de l'usure. Enfin, trouvez-bon, qu'en terminant sur ce bien fâcheux sujet, je fasse pour l'industrie, en faveur des services qu'elle rend à la chose publique, le souhait ardent et profond qu'il ne lui arrive jamais de tomber sous l'empire des idées et des principes que vous professez, car ce serait, à mon sens, sa perte et son deshonneur !

Un mot encore, pourtant, sur cette grave question de l'usure, qui, par les proportions de plus en plus énormes que prend chaque jour sa pratique, menace de devenir vraiment la question dominante en fait de commerce et d'industrie.

La loi de 1807, sagement limitative de l'intérêt des prêts, s'est fait, depuis quelque temps surtout, des adversaires bien actifs, et les vœux d'abrogation surgissent de tant de côtés qu'ils tendent à remplacer par la turbulence de ce mouvement ce qui lui peut manquer du côté de la raison : Née de l'agitation financière de nos jours, cette opposition, quasi furibonde, à la loi prohibitive de l'usure, procède-t-elle d'une conviction sincère, ou n'est-elle que l'effet d'une ligue de placeurs d'argent, effrayés de la périlleuse situation légale où les met, eu égard à leurs exactions de chaque jour, la législation en vigueur et qui voient une sauvegarde dans sa transformation? Ou bien, enfin, n'est-ce là que le rêve fantastique de quelques alchimistes d'économie, à la recherche d'une nouvelle pierre philosophale du crédit public? C'est ce que je ne saurais vraiment dire : mais ce que je sais fort bien, pour ce qui est de ma manière personnelle de voir à cet égard, c'est que cette réforme prétendue, ne saurait qu'engendrer un affreux désordre, et que s'il était supposable que le Pouvoir s'y laissât entraîner, ne fût-ce qu'à titre d'essai momentané, les conséquences fatales de cette mesure ne tarderaient pas à faire naître en lui le regret profond d'une semblable épreuve.

N'est-il pas, en effet, clair comme le jour, pour quiconque connaît et sait apprécier ce que sont les appétences ardentes de certains hommes d'argent, qu'une fois cette brèche faite dans la digue qui, par la crainte révérentielle de la loi, contient encore des cupidités que ne contiendrait certes pas la seule morale, on verrait le torrent déborder de toutes parts, et se créer un lit si large que, bientôt, pour l'empêcher de submerger tout l'édifice de la moralité publique, il faudrait qu'en l'absence désormais d'un moyen légal de répression, le Pouvoir et les tribunaux recourussent aux voies de l'arbitraire, situation fâcheuse au plus haut point pour toute autorité quelconque et qu'il faut, à tout prix, lui éviter.

En vain, le raisonnement spéculatif prétendrait-il combattre cette conséquence : évidemment, il n'y a en lui aucune force réelle qui puisse prévaloir.

Arrière cette puérile pensée d'une efficace défense de la froide raison contre les ardeurs de la cupidité! Si, même avec l'appui du Pouvoir, avec le secours de la loi, elle est si souvent vaincue, n'est-il pas fou de penser que, seule, elle pourra triompher ?

Arrière, bien plus encore cette fausse et pernicieuse doctrine économique, s'efforçant de faire croire à un équilibre possible entre les besoins d'argent qu'éprouve le marché et les nécessités d'emploi que ressent le capital, entre l'*offre* et la *demande* (pour me servir des termes consacrés). Ceci ne peut être qu'affirmation de sophiste, ou fascination d'esprit crédule à l'excès : Il n'y a point de balance réelle à établir entre les nécessités de l'emprunteur et les exigences du prêteur, par la raison bien simple qu'il est impossible d'admettre comme vrai un état de choses où l'argent serait assez abondant, assez accessible à tous, pour mettre l'emprunteur en état, je ne dis pas de faire la loi au prêteur, mais, même de traiter avec lui d'égal à égal. Hors ce cas irréalisable, sans doute, à tout jamais, c'est l'emprunteur qui, manifestement, restera sans cesse à la discrétion du prêteur, et loin que l'absence d'une limitation légale du taux de l'intérêt vienne en rien au secours de celui-ci, elle ne fera évidemment que donner à celui-là une latitude de plus pour l'exercice aussi exagéré que possible de ses droits et de ses prétentions.

Qu'on en reste donc pleinement, profondément convaincu, en dépit de toutes les illusions du raisonnement, un aveugle et périlleux amour du nouveau, un déplorable esprit d'aventure en fait d'économie financière, peuvent seuls pousser à l'abrogation de la loi de 1807, et, si cette loi venait à disparaître, les scandales usuraires que nous déplorons aujourd'hui, seraient bientôt arrivés à un tel paroxisme, à un tel état d'inimaginable extension que les gênes actuelles du commerce et de l'industrie, tout énormes qu'elles soient, ne sont, en aucun point, comparables à ce qu'elles seraient alors. Dieu veuille que mes paroles soient entendues et que ce surcroît de malheurs soit détourné de nous!

Quel que soit mon désir de clore la discussion sur un si triste sujet, puis-je le faire sans avoir touché l'une des considérations les plus graves qui ressortent de l'abus énorme que j'ai dû signaler, du désordre qu'a jeté, dans la marche des affaires régulières, l'accaparement du capital par les opérations du jeu et de l'agiotage? Puis-je oublier, que le déplorable temps d'arrêt qui en résulte à l'égard des entreprises de l'industrie et du commerce, atteint surtout, par les effets immédiats et de la manière la plus douloureuse ces innombrables classes de travailleurs, qui attendent anxieusement leur pain quotidien du mouvement industriel et de l'activité sans intermittence des œuvres diverses qui s'y rattachent? Le puis-je surtout, à un moment où, plus que jamais, leurs misères sont sensibles et cruelles?

A défaut de la raison des hommes auxquels je m'adresse, j'ai, du moins, pour rassurer à ce sujet sur l'avenir ma sollicitude d'ami du bien public, ma foi profonde dans la sagesse du Pouvoir qui nous régit, et la certitude acquise, qu'il en fait l'objet incessant de ses plus graves préoccupations.

En livrant à la publicité les réflexions diverses qui précèdent, je ne crois pas me tromper en comptant pour elles sur un accueil sympathique, et pour l'excuse de ce qui pourrait être considéré comme longueur.

Mais, en tout cas, les réflexions dont il s'agit, trouvent, à plus d'un titre, leur application toute naturelle à quelques-uns des faits principaux de l'affaire dont j'ai à entretenir mes lecteurs; c'était assez pour que j'en fisse grandement acception dans l'esprit et la lettre de l'écrit en question. Quand on aura sous les yeux le narré détaillé de ces faits, l'on n'aura pas de peine, je l'espère, à trouver que je suis dans le vrai.

Au demeurant, s'il se pouvait, qu'en voyant la liberté avec laquelle je parle ci-dessus de certains hommes du jour, on trouvât à cela quelque courage, peu prudent peut-être à raison des rancunes que soulèverait cette trop grande franchise contre l'entreprise à la tête de laquelle je suis placé, voici quelle serait ma réponse à ces craintes officieuses et bienveillantes.

En premier lieu, on a vu combien je me suis appliqué à faire la distinction qu'exige la justice entre le financier honorable (il y en a beaucoup encore!) et celui qui forfait à son devoir d'homme droit et modéré. Le suffrage des premiers m'est précieux, et par cela même aucun d'eux ne peut supposer en moi des intentions mauvaises, des idées offensives ou des paroles d'agression. Quant aux autres, il ne se pouvait que je me crusse obligé à faire en leur faveur le sacrifice de la vérité: Les blessures vives, mortelles, qu'ils font à l'industrie sont bien plus en droit d'exciter ma sollicitude que le vain et lâche respect humain qui me fermerait la bouche n'était susceptible de faire impression sur moi. Si la voix secrète de leur conscience les trouble en entendant mes paroles, ce n'est pas à moi qu'ils doivent s'en prendre, c'est à eux-mêmes; et peut-être quelques-uns d'entre eux devront-ils à ce moment de confusion un retour salutaire sur eux-mêmes, qui, s'ils sont justes, serait plutôt fait pour exciter leur gratitude à mon égard que me valoir leur aversion et leur colère. En tous cas, j'aurai fait mon devoir de citoyen, car là où l'intérêt de tous est en péril, chacun est tenu de pourvoir à la commune défense.

En second lieu, et pour ce qui touche le danger de certaines rancunes pour le bien de l'entreprise que je dirige avec l'ardent désir de son succès, je dois dire que cette crainte serait complètement chimériqne. Par grand bonheur, la situation actuelle qui lui est faite (et j'aime à répéter que cette situation est, pour beaucoup, l'œuvre de dignes et notables financiers qui, eux, comprennent tout ce qu'il y a de noble et de louable dans le patronage de la grande industrie) cette situation, dis-je, et les ressources complètement suffisantes, dans toutes les hypothèses, qu'elle assure, ainsi qu'on l'a vu déjà, à l'entreprise de Saint-Georges, la met désormais à l'abri de toute atteinte quelconque procédant de la malveillance, ou même de toute autre cause raisonnablement admissible.

On le voit donc, mon courage, si courage il y a, n'a que la portée d'un acte tout à fait individuel et dont les conséquences ne pourraient être relatives qu'à moi-même. Or, ces conséquences, non-seulement je ne les redoute en aucune façon, mais encore si elles devaient jamais se réaliser, bien loin que je les craignisse en rien, j'en considérerais l'effet comme un titre d'honneur.

Actuellement que le grave sujet de ce chapitre est épuisé, il ne me resterait qu'à présenter à mes lecteurs le récit détaillé que je leur ai promis sur les précédents de l'affaire de Saint-Georges et son état présent ; mais, avant tout, et pour mieux faire comprendre, à certains égards, la nature de l'entreprise à laquelle il se rattache, je crois nécessaire de placer ici quelques notions spéciales sur les matières qui en font l'objet.

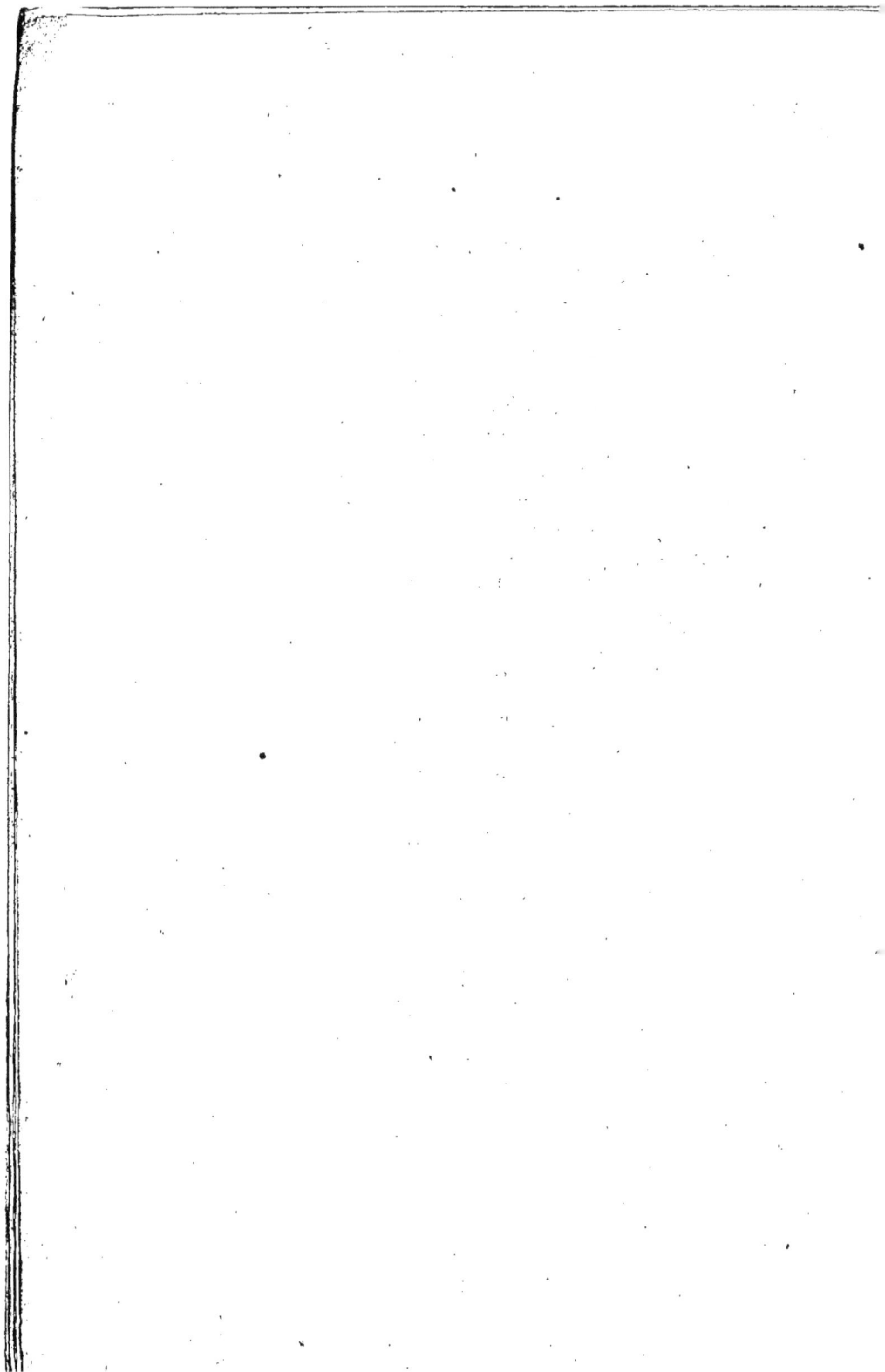

CHAPITRE III.

COUP-D'ŒIL SUR L'INDUSTRIE HOUILLÈRE, EN FRANCE.

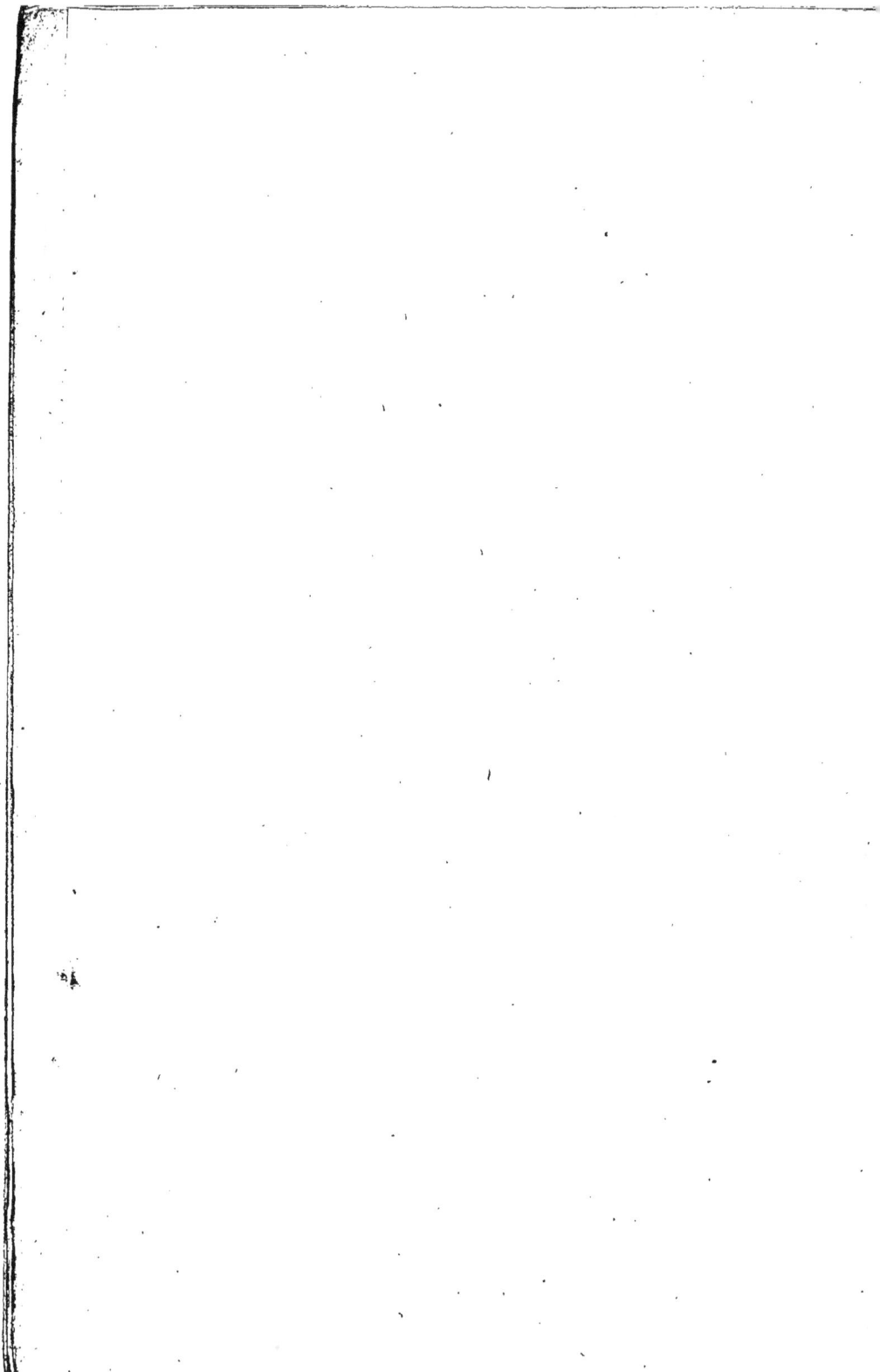

CHAPITRE III.

Coup d'œil sur l'industrie houillère, en France.

S'il n'est pas contestable que, depuis un quart de siècle, surtout, la haute industrie n'ait fait en France les efforts les plus louables et les plus heureux pour se mettre en état d'obtenir du sol même du pays le combustible minéral nécessaire à ses usages et travaux divers, il n'est pas moins vrai que, jusqu'ici, la production est restée fort inférieure aux besoins et que nous sommes, à cet égard, tributaires de l'Étranger dans une proportion considérable, car elle excède *trente pour cent.*

En effet, d'après les calculs statistiques les plus récents et les plus exacts, notre consommation annuelle est de dix millions de tonnes, en regard d'une production annuelle de 6,500,000 tonnes : Balance au profit de l'importation, 3,500,000 tonnes qui, à la moyenne de 25 fr. ou même de 20 fr. seulement, si l'on veut, toute déduction faite de la différence du fret de l'extérieur avec les frais de transport que coûteraient à l'intérieur les houilles provenant de notre propre sol, pour les rendre sur les lieux de consommation, viennent grever ainsi notre capital industriel de 70 à 87 millions.

En présence d'un semblable résultat, l'on comprend sans peine comment le travail de recherche des gîtes houillers en France, et l'ouverture de nouvelles mines, se classent au premier rang des services rendus à l'industrie nationale et à l'intérêt du pays.

Et l'on ne pouvait craindre que ce fussent là des efforts infructueux, car toutes les notions géologiques tendent à démontrer que la production française de la houille peut parfaitement atteindre le chiffre de ses besoins, et même le dépasser de manière à nous permettre de nous faire un jour exportateurs au lieu de rester soumis au tribut de l'importation.

Toutes les parties de notre territoire, sont plus ou moins en jeu dans cette défaillance actuelle de la production des houilles françaises : Le Nord en dépit de ses vastes bassins similaires avec le bassin belge dont ils sont la continuation :. Le Centre, malgré l'activité, l'immensité des extractions dans le bassin de la Loire : l'Est, à qui celui de Forbach et Carling, solidaire du bassin de Saarbruck, offre des ressources notables, mais insuffisantes : enfin le Midi qu'alimente largement, sur certains points, le bassin du Gard, sans pour cela répondre à tous ses besoins. Tous ces points divers de notre territoire, que je viens d'énumérer, les seuls où les gîtes houillers aient une importance réelle, ne sont producteurs de ce combustible minéral que dans des conditions fort inférieures à la consommation du pays.

Il est vrai de dire que, sur certains autres points, d'anciennes découvertes existent à l'état de délaissement sans avoir jamais été exploitées qu'à titre d'essai, quoique riches par elles-mêmes. Mais cela tient à deux causes principales : l'inaptitude des premiers exploitateurs, ou l'existence d'obstacles invincibles soit à l'extraction, soit à l'utilisation des produits à raison de l'absence de débouchés, au moins dans l'état présent des choses. Il ne faut donc guère compter, quant à présent, que pour mémoire ces anciennes découvertes.

On le voit donc, il y a tout lieu d'admettre parallèlement et la nécessité économique des recherches de nouveaux gîtes houillers en France, et le fait incontestable de la possibilité de leur découverte, ainsi que de la reprise de parties des anciennes exploitations.

Nous allons voir bientôt comment ce fait s'est largement et heureusement réalisé, en ce qui concerne l'une des contrées du Midi les plus intéressantes par les germes divers de prospérité industrielle que comporte son territoire ; germes qui, déjà, notablement développés à beaucoup d'égards, sont susceptibles d'un développement prochain bien plus remarquable encore.

Je veux parler du pays qui comprend les départements limitrophes de l'Aveyron, de l'Hérault et du Gard.

Ce qui a manqué jusqu'ici à cette contrée, comme à bien d'autres encore de l'intérieur de la France, ce sont des voies de communication facilement praticables et offrant l'économie nécessaire pour le transport au loin des produits du sol ou de ceux de l'industrie manufacturière.

Or, la sollicitude du Gouvernement, en constant éveil à ce sujet, s'est depuis quelque temps révélée par les projets d'établissement de voies ferrées qui, partant du Grand-Central, près de Rhodez, arrivent à Milhau, d'où l'un d'eux se dirige sur Saint-Affrique par Saint-Georges, Creyssel, etc., pour aller ensuite rejoindre le chemin de fer de Cette à Bordeaux. Les autres poursuivent jusqu'à Meyrueis par la vallée du Tarn et de la Jonse. Ils se bifurquent en cet endroit; l'un prend la vallée de l'Hérault, l'autre celle du Gardon, et ils viennent tous deux se relier au réseau pyrénéen, entre Alais et Nîmes. Un quatrième projet a pour but de relier Lodève et Montpellier.

L'exécution du premier de ces projets suffit seule pour donner, surtout à la partie sud de l'Aveyron (où se trouvent, avec d'importantes et nombreuses fabriques déjà existantes, et qui se multiplieront, les mines de Saint-Georges), une vie toute nouvelle et pour en faire l'un des points industriels et commerciaux les plus notables de la France méridionale.

On peut juger par ce qui vient d'être dit de ce qu'il peut y avoir d'heureux pour cette contrée de trouver dans son propre sol le combustible minéral nécessaire à l'alimentation de ses chauffages industriels, au lieu de l'aller chercher au loin à grands frais, et l'on comprend sans plus de peine ce que toutes les circonstances que nous venons d'indiquer doivent donner de faveur à une exploitation de houille, s'offrant dans ces parages avec toutes les conditions désirables d'abondance et supériorité de matière, ainsi que d'économie de frais d'extraction, et, de plus, avec l'avantage très-notable d'une production d'alun et de sulfate de fer naturels, base essentielle des nombreuses fabriques d'étoffes, de teintureries et de hongroyage, qui font l'industrie principale de ce département et de ceux qui lui sont limitrophes.

Or, ce sont là, comme on le verra bientôt, les caractères propres qui distinguent essentiellement les mines de Saint-Georges, et qui, les plaçant dans une situation toute exceptionnelle, en font vraiment une affaire à part.

Mais, avant de donner les détails confirmatifs de cette assertion comme, ainsi que nous venons de le dire, en dehors du gisement houiller, la concession de Saint-Georges présente, de plus, et simultanément, un gîte puissant de minerai à sulfate d'alumine, dont l'exploitation offre les mêmes facilités que celles du charbon minéral avec lequel ses couches sont juxtaposées, il ne paraît pas hors de propos d'entrer ici dans quelques explications sommaires à cet égard.

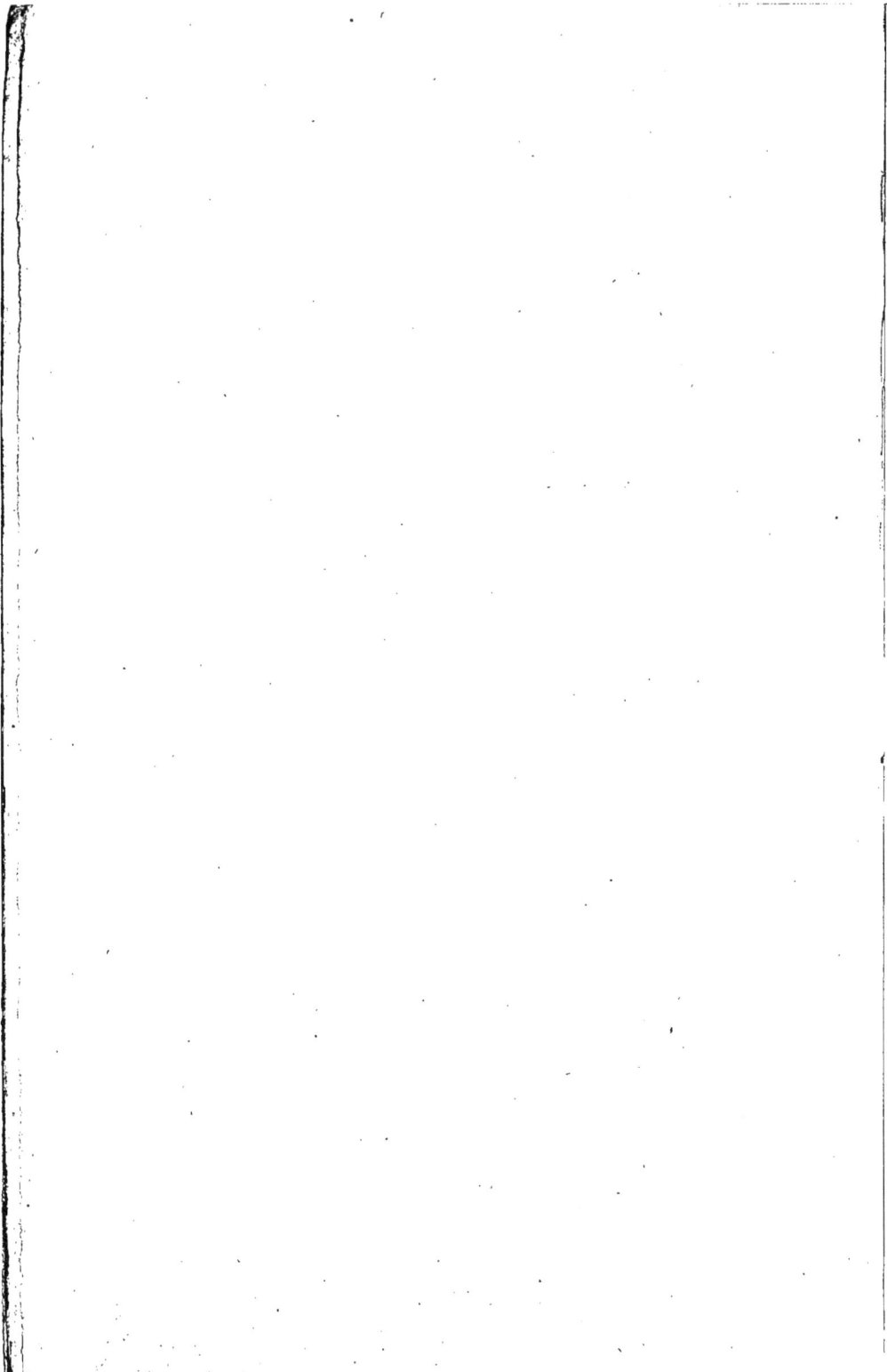

CHAPITRE IV.

QUELQUES MOTS SUR L'ALUN ET SES EMPLOIS DIVERS.

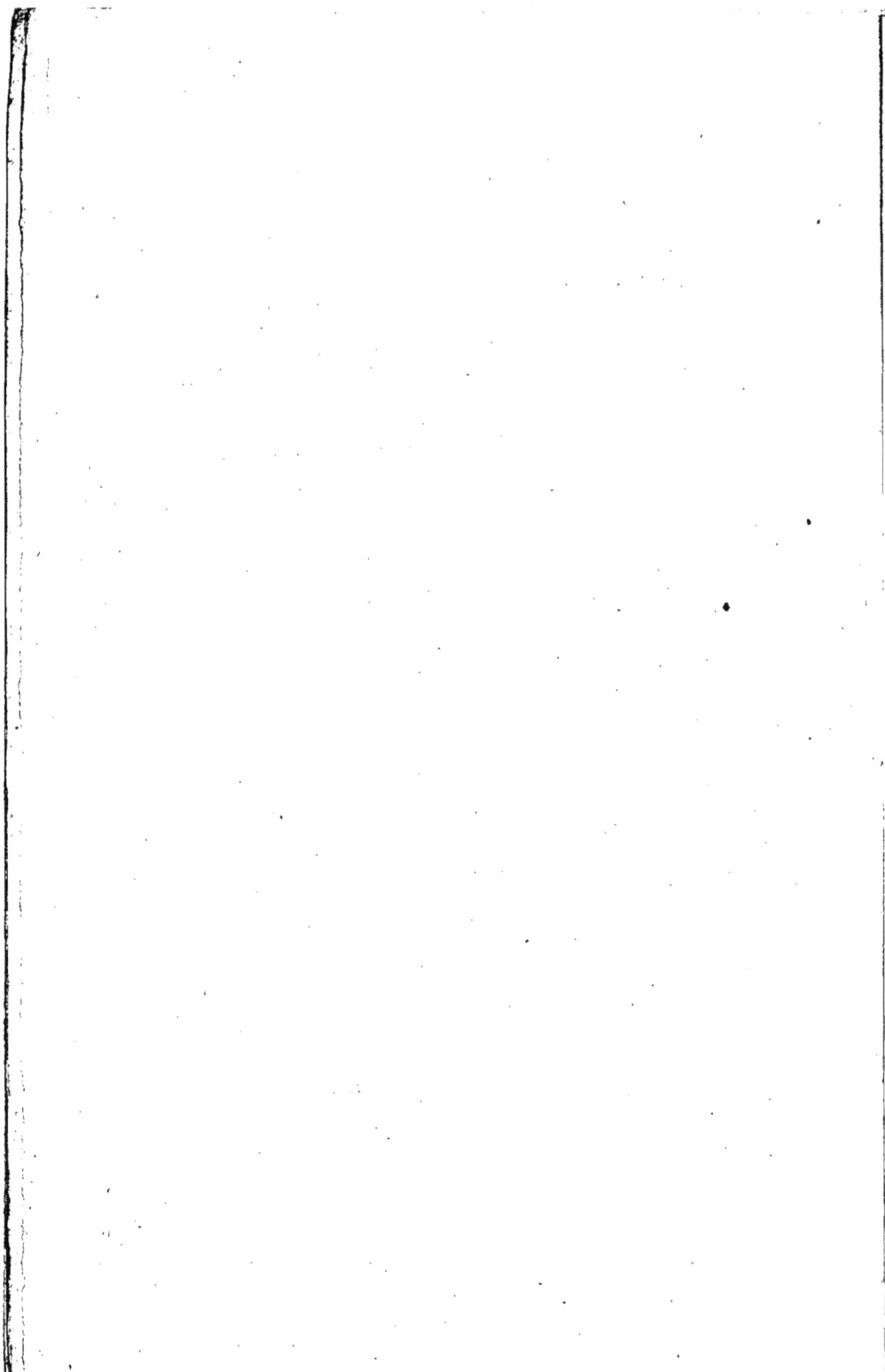

CHAPITRE IV.

Quelques mots sur l'ALUN et ses emplois divers.

Parmi les agents chimiques qu'emploie l'industrie manufacturière à ses manipulations, l'*alun* et le sulfate de fer ou *couperose* sont, on peut le dire, au premier rang.

La nomenclature est longue des fabrications qui exigent la présence de l'alun :

La teinturerie dans toutes ses applications ;
La fabrique de toiles peintes ;
  —   de papiers ;
  —   de chandelles ;
  —   de chapeaux ;
La droguerie ;
Le hongroyage des peaux ;
L'émail des poteries ;
La préparation du *plâtre anglais*, etc., etc.

On peut évaluer à plus de 200,000 quintaux la consommation annuelle de l'industrie en aluns de diverses qualités pour ce qui concerne la France.

Quant au sulfate de fer ou couperose, dit aussi *alun vert*, qui s'obtient par l'opération même de la fabrication de l'alun, il trouve son emploi dans les industries analogues.

Je ne crains pas d'affirmer, car les plus célèbres chimistes du pays, entre autres Chaptal, l'ont dit avant moi, que le minerai d'alun de Saint-Georges est à la fois le plus riche et le plus pur de tous ceux découverts jusqu'ici en France.

Il peut être, sans doute aucun, amené au même degré de pureté que l'alun de la Tolfa dit vulgairement alun de Rome, le plus pur des aluns connus.

Or, il est bon qu'on sache que l'alun de Rome est le seul que l'industrie puisse employer pour certaines teintures qui exigent un grand degré de finesse et de pureté dans les agens chimiques à l'aide desquels elles s'opèrent, notamment l'absence absolue de sulfate de fer, que contiennent forcément en plus ou moins grande quantité les aluns factices fabriqués en France.

Cet alun étranger importé chez nous pour les besoins de notre fabrique, représente une bonne partie de la consommation annuelle. Les droits de douane extrêmement élevés qu'il subit en font monter le prix à un taux très-supérieur à celui de l'alun fabriqué en France, ce qui porte l'alun de Rome jusqu'à 80 et même 100 fr. C'est principalement là ce qui a valu à la fabrication de l'alun factice un si grand développement.

Mais l'alun factice ne saurait atteindre la pureté nécessaire à certaines opérations de la fabrique teinturière, et par cela même il ne peut faire rivalité à l'alun de Saint-Georges, qui peut suppléer pour l'industrie française à l'alun de Rome et cela avec d'autant plus d'avantages pour elle qu'il pourra lui être livré à un prix beaucoup moindre. Elle sera ainsi tout naturellement soustraite au lourd tribut qu'elle paye aujourd'hui sous ce rapport à l'Italie.

La fabrication de l'alun factice est celle qui produit la plus grande quantité à la consommation manufacturière; cela tient, d'une part, à ce que cette fabrication s'est surtout installée dans les contrées de la France où il n'y a pas d'alunerie naturelle et où cependant l'industrie qui emploie cet agent y est le plus répandue : d'autre part, à ce que les aluneries de *Bouxwillers* et des autres contrées de l'Est, étant très-éloignées des centres manufacturiers du midi de la France, ne peuvent, en raison des frais de roulage, établir, sur nos marchés, leurs produits à un prix convenable. Observons, d'autre part encore, que le minerai qu'emploient les fabricants d'alun naturel dans l'Est, ne contient que très peu ou point de principes cristallisants, ce qui les oblige d'acheter le sulfate de potasse pour obtenir la cristallisation des eaux mères et vient augmenter très-sensiblement le prix du revient de leurs produits; si l'on considère enfin que les frais de transport du minerai dans les usines, le prix de l'acquisition et du transport du charbon (ces aluneries étant situées à de grandes distances de toute exploitation houillère), l'on comprendra parfaitement que le prix de revient de l'alun, ainsi fabriqué, soit très-élevé. Or, il est de fait, qu'à leur tour, les fabricants d'alun factice se trouvent dans des conditions au moins aussi onéreuses de fabrication, puisque ces aluns qui sont faits de toutes pièces, et qui ne se cristallisent jamais d'une manière complète, ont pour base l'acide sulfurique et pour compléments cristallisants le sulfate de potasse, qu'ils ne peuvent se procurer qu'au même prix que les fabricants d'alun naturel. Le *revient* de l'alun factice est donc aussi fort élevé, et si ces deux sortes d'alun peuvent vivre ainsi et faire des bénéfices, c'est en raison surtout de la distance qui les sépare, et des frais de transport qui ne leur permettent guère de se faire concurrence.

J'ai dit que le minerai alunifère, renfermé dans la concession de Saint-Georges, était d'une très-grande richesse en sels alumineux, puisque les hommes les plus compétents ont reconnu qu'il pouvait donner jusqu'à 18 et même 20 p. %. de ce sel; qu'il est, de plus, reconnu qu'il contient beaucoup de sulfate de potasse, addition obligée pour obtenir la cristallisation. J'ajoute que le minerai d'alun, étant juxta posé à la couche de houille, est forcément abattu à fur et à mesure de l'abattage de celle-ci, d'où résulte un très-grand avantage, puisque le minerai n'a d'autres dépenses à supporter que celle de son extraction qui, ayant lieu au moyen de chemins de fer, posés dans les galeries, ne donne ouverture qu'à des frais d'une très-minime importance. Quant au transport du minerai dans les usines de même qu'à l'égard de celui du combustible nécessaire à sa fabrication, ils seront également opérés par un chemin de fer américain, faisant suite à celui de ceinture déjà existant; de cette manière, les frais en question seront comparativement très-inférieurs à ceux que supportent toutes les autres fabriques dont j'ai parlé. En conséquence, le prix de revient de l'alun, dans les usines de la société de Saint-Georges et Lavincas sera assez bas pour que la qualité de ces aluns, étant reconnue très-supérieure à celle de l'alun factice, et les centres manufacturiers du midi de la France, étant pour ainsi dire à la porte de l'exploitation, il y ait certitude d'un écoulement considérable de ce produit, alors que la société de Saint-Georges pourra, vu l'économie qu'elle fera sur le revient, le vendre à meilleur marché que l'alun factice, et même que l'alun naturel des fabriques de l'Est.

Le minerai d'alun, en concours avec le minerai de houille, tels qu'ils se trouvent tous deux aux mines de Saint-Georges, offre la condition la plus heureuse pour la fabrication des trois produits chimiques d'un emploi usuel dans l'industrie, à savoir :

L'ALUMINIUM.

LE SULFATE D'AMMONIAC.

L'ACIDE SULFURIQUE FUMANT.

Ce dernier acide, fabriqué en Allemagne, nous rend ainsi tributaires de l'étranger et ne nous arrive en France qu'en acquittant des droits de douane très-considérables.

De plus le voisinage immédiat du grand plateau du Larzac, que sa température constamment très-basse rend si éminemment favorable à la fabrication du

SEL DE SOUDE,

donne toute latitude pour la création, sur ce point, de grands bassins de dépôt et de cristallisation, destinés à la formation de ce produit, à l'aide de l'acide sulfurique fabriqué, comme il vient d'être dit, sur les lieux mêmes, et de sel marin tiré, à très-bon compte, des salins du midi. Or, on sait quelle énorme consommation se fait, dans l'industrie du *sel de soude*, et quels remarquables avantages offre sa fabrication.

58

Enfin, c'est un fait incontestable que le territoire de la concession de Saint-Georges abonde en calcaires de la meilleure qualité, aussi bien qu'en argiles excellentes.

Il y a donc, là, matière à une très-profitable fabrication de CHAUX pour l'agriculture et le bâtiment, ainsi que de tuiles, briques, carreaux, tuyaux de drainage, etc., etc., tous produits offrant un bénéfice non douteux.

Je termine ici ce sommaire aperçu, et je passe à l'exposé circonstancié que j'ai promis de présenter comme historique raisonné des précédents de la concession de Saint-Georges, et comme preuve de la possibilité d'exploiter avec avantage, par un travail intelligent, des entreprises délaissées depuis longtemps et réputées impossibles.

CHAPITRE V.

HISTORIQUE RAISONNÉ DES FAITS RELATIFS A LA CONCESSION
DE SAINT-GEORGES.

CHAPITRE V,

Historique raisonné des faits relatifs à la concession de Saint-Georges.

En 1786, Chaptal, qui a laissé un si grand nom dans la science économique et dans l'administration, s'occupait activement de découvrir des mines d'alun et de houille réunis; ayant appris qu'un M. de Morlhon, qui habitait alors la commune de Saint-Georges-de-Luzançon, y avait reconnu des gîtes de schiste pyriteux et alumineux qui recouvraient des fibres de houille, il lui demanda des échantillons de ces minerais, et les essais qu'il en fit lui donnèrent les résultats les plus satisfaisants, en lui démontrant que les schistes pyriteux de Saint-Georges étaient susceptibles de produire des aluns d'une qualité égale à celle des aluns de la Tolfa. Le 7 août 1786, une société se forma entre les sieurs de Morlhon, Combettes des Landes et autres, pour l'exploitation des minerais conjoints dont nous venons de parler ci-dessus.

Mais il ne suffisait pas d'avoir découvert les mines pour en faire une exploitation profitable; il fallait encore et surtout connaître la pratique industrielle, savoir apprécier le salaire du travail, obtenir par un bon mode de fabrication des produits qui ne coûtassent pas plus que ne le comportait leur valeur vénale. Il fallait, en un mot, pour faire valoir une affaire industrielle, des hommes d'industrie; cependant, aucun de ceux qu'avaient tentés les chances heureuses de cette entreprise, n'apportait l'aptitude nécessaire à sa bonne et utile direction : Aussi, le capital très-considérable fourni par divers intéressés fut-il absorbé en peu de temps.

Plusieurs sociétés se succédèrent en s'établissant sur les ruines de la première, mais elles étaient toutes entachées du même vice originel : aucune connaissance pratique de l'industrie qu'elles prétendaient exploiter, cortége nombreux d'employés de toutes sortes, sans aucune spécialité, beaucoup d'associés pour vider la caisse, pas un d'eux susceptible de faire quoi que ce fût pour la remplir.

A ces causes de ruine vinrent s'en ajouter d'autres non moins fâcheuses.

L'on fondait une industrie dans un pays qui, par sa nature, par son défaut de communications, par son éloignement, alors, de tous les centres manufacturiers, offrait un faisceau redoutable d'obstacles très-graves à un développement quelconque; la population était inapte à comprendre le bienfait que ces sociétés lui apportaient. Il aurait fallu dès lors des hommes capables d'éduquer et de moraliser les classes ouvrières, et de fixer les salaires à un taux raisonnable en échange d'un travail équivalent. Il fallait encore et au même titre, par une sage conduite, un travail bien entendu, une

grande intelligence, frapper l'esprit de la population, lui ins-
pirer le respect des personnes et de la chose, obtenir la protection morale et matérielle des autorités locales. Il fallait aussi
que les associés sussent se respecter eux-mêmes, par une confiance réciproque dont ils auraient dû se croire mutuellement
dignes. Par malheur, aucune de ces exigences ne reçut satisfaction. Il semble, en étudiant le passé de ces diverses sociétés, qui se sont succédées pendant une longue période, qu'une
fatalité pesât de toutes ses colères à la fois sur la chose exploitable et sur les hommes exploitants.

La première société était, nous l'avons dit, tout à fait dé-
pourvue du sens industriel. En effet, nous la voyons se fonder
avec un capital très-important qui est dépensé en peu de
temps, sans que, pour cela, rien d'utile, de pratique ait été
fait. L'on ouvre dans la montagne, qui renferme des richesses
infinies de combustible et de minerai alunifère, des trous informes dans lesquels le mineur est obligé de ramper à plat
ventre pour abattre le charbon, de telle sorte que la gêne
forcée qu'il éprouve, ne lui permet pas de fournir plus de
six quintaux (300 kilog. de houille pour un salaire de 2 fr.
Ce qui porte le prix du charbon à près de 35 cent. le quintal
abattu dans la mine, ci : . . . . 0' 35ᶜ

Quant à l'extraction, elle s'opère là, au moyen de
petits chariots que traînent des manœuvres sur le sol
nu, et si l'on tient compte de la cruelle fatigue qu'ils
doivent éprouver en rampant sur le ventre, attelés
au charriot, s'aidant des mains et des pieds pour le
sortir, on comprend que la quantité extraite par chaque traîneur, ne peut être supérieure à celle abattue

A reporter. . . 0' 35ᶜ

Report. . . . 0ᶠ 35ᶜ

par deux mineurs; le salaire du traîneur étant de
1 fr. 50 cent. par jour, donne, pour douze quintaux
extraits, par quintal 12 c. 1/2, ci : 0ᶠ 12ᶜ 50

Le charbon conduit sur le carreau de la mine en
l'absence de chemin quelconque, est descendu à
dos de mulet, moyennant un prix par quintal de. . 0ᶠ 12ᶜ

Tout cela fait un prix de revient brut de 0ᶠ 59ᶜ 50

Si l'on ajoute l'entretien des outils, le salaire du contre-
maître, le traitement des gérants, les frais généraux, addition
d'autant plus importante que l'extraction et l'exploitation
étaient très-restreintes, on arrive à un total énorme! Mais en
évaluant ces derniers frais aussi modérément que possible,
soit 5 cent. 1/2, l'on reconnaît que le charbon, rendu à
port de charrettes coûte 65 cent. par 50 kilog., soit par
tonne, 13 fr.

Or, avec l'intelligence qui manquait et des travaux
d'exploitation tels que la raison et l'art pratique les conseil-
laient, le charbon, eu égard au bas prix, alors, de la main
d'œuvre, et surtout à l'aide de moyens d'extraction analogues
à ceux créés sous ma direction, le charbon, dis-je, n'aurait
coûté que 3 fr. la tonne au lieu de 13. Or, sa valeur commerciale étant alors dans le pays de 14 à 15, il y aurait eu à
réaliser d'énormes bénéfices, là où l'on n'a eu que des pertes
presque sans limites!

Il faut cependant reconnaître que les diverses industries qui
se sont multipliées chez nous, principalement depuis vingt
années, ou n'étaient pas encore nées, ou n'avaient pas encore
pris le développement auquel elles sont arrivées de nos jours,
et, par contre, la consommation de la houille était bien loin

d'avoir une grande importance. Mais quelque restreints que fussent à ce moment les besoins de l'industrie, ils étaient cependant suffisamment développés pour procurer des bénéfices, relativement assez considérables.

L'exploitation du minerai et la fabrication de l'alun, ont été bien plus défectueux encore ; l'on aura peine à croire aux faits que je vais signaler, je n'oserais pas les publier, si je n'avais, en main, les preuves à l'appui.

La construction vicieuse des usines, reconstruites toujours avec le même vice d'imperfection, a coûté plus de six cent mille francs aux diverses sociétés. Tout d'abord, ces usines étaient édifiées à Lavincas, mais les fourneaux et les chaudières étaient tellement défectueux que l'on consommait plus de 40 quintaux de houille pour obtenir un quintal d'alun (la consommation normale ne doit pas excéder 6 quintaux !)

Une quatrième société étant venue remplacer les trois premières qui avaient successivement péri de la même maladie, son chef, M. de Grellet, receveur général du département, sans aucune aptitude relative, devait finir comme ses prédécesseurs. Si, dès son entrée en possession des usines, il en reconnaît tous les vices, loin de voir que la forme seule était vicieuse, il s'attaque au fond et se prend à démolir les fourneaux et chaudières, enlève le matériel, et à grands frais, fait construire de nouvelles usines à Mayrs, hameau dépendant de la commune de Saint-Georges, et renfermant dans ses montagnes, qui font partie de la concession, de grandes quantités de minerai et de houille. Mais, en portant les usines à Mayrs, ce nouveau gérant ne comprit pas d'abord qu'il allait tripler ses frais de fabrication, par suite de la distance de ses nouvelles usines aux mines qu'il allait exploiter. En effet, à Mayrs comme à Lavincas, il n'y avait aucune route voiturable ; il fallait faire

amener les minerais à dos de mulets ; mais, dans les espèces de galeries ouvertes au Séral, il y avait alors de grandes
quantités de minerai tout effleuri, propre à être de suite traité
pour la fabrication de l'alun, tandis qu'à Mayrs, les mines n'y
ayant pas encore été exploitées, les employés de M. de Grellet,
gens de la localité, sans intelligence, sans instruction même
élémentaire, faisaient extraire le minerai, et, sans autre trai-
ment, ils se livraient à une fabrication ruineuse, ainsi que
je vais, après quelques mots d'explication le démontrer par
des chiffres.

Pour obtenir l'alun, il faut d'abord exposer à l'air libre les
schistes pyriteux qui donnent les sulfates. Quelques mois de
cette exposition sont indispensables pour que l'action de l'air
sur les schistes en question produise sur eux cet état spécial
qu'on appelle, en terme de chimie, l'*effleurissement*, et qui est
l'une des conditions les plus essentielles d'une bonne et utile
fabrication de l'alun. En agissant autrement, l'on n'arrive
qu'à une opération incomplète, ce qui devient par cela même
très-onéreux. Si, en effet, l'on traite le minerai alors qu'il
vient d'être abattu, la proportion du sel qu'on en obtient ne
dépasse pas *un* à *un et demi* pour cent, tandis que, tout au
contraire, en opérant sur du minerai *effleuri*, l'on en obtient
jusqu'à 15 p. °/₀ : de telle sorte que le prix de l'abattage, de
l'extraction et du transport étant égal, entre le minerai effleuri ou non, il est visible que le premier mode de traitement
est, surtout comparativement au second, non-seulement inepte
mais ruineux.

Ce qui va, au surplus, justifier sans réplique ce que j'a-
vance, c'est la citation des chiffres dont j'ai la preuve écrite
entre les mains, par les archives de l'ancienne exploitation des
mines et usines de Saint-Georges.

Le prix de revient de la fabrication de l'alun, extraction et transport à l'usine compris, était alors de 60 à 64 francs les cent kilogrammes (or on verra plus loin que le prix de revient normal ne doit pas excéder 12 francs), par contre, sa valeur commerciale était de 68 à 70 fr. Ainsi, à supposer que rien de plus ne fût venu grever la production, l'on voit que le bénéfice du producteur eût été bien peu de chose, presque rien.

Mais, en outre de ce prix de revient de l'alun sous les anciens exploitateurs de la mine, prix incroyable, fabuleux, et pourtant vrai, de la vérité la plus impitoyable, celle des chiffres, il existait encore, avec ces habiles industriels, bien d'autres causes de surcharges et de pertes d'argent. Ainsi, par l'incurie ou l'ignorance des ouvriers, contre-maîtres au service de ces exploitateurs successifs, on laissait écouler sur la voie publique des quantités considérables d'*eaux-mères* (c'est-à-dire contenant des sels alumineux et devant produire l'alun), de telle sorte que, non-seulement l'on perdait ainsi une partie importante du produit utile du minerai abattu, mais que, de plus, les frais d'extraction du minerai contenant les sels perdus, venaient grever d'autant le compte de revient de l'extraction totale ainsi que du transport à l'usine.

Si l'on ajoute à cela la charge sans compensation des frais généraux de la fabrication, énormément plus forts qu'il n'était nécessaire à raison de la profusion déraisonnable de ses agents, etc., etc., l'on arrive sans peine à la démonstration de cette incontestable vérité que, loin d'être un objet de grand produit ainsi qu'elle eût dû l'être, la fabrication de l'alun a été pour ces étranges fabricants l'occasion de leur ruine.

Ce qui explique la persistance de ces éléments de pertes et de préjudices sous les diverses sociétés successives, c'est que les mêmes agents et employés s'y maintenaient, et naturellement les mêmes errements y étant suivis, la même cause devait produire des effets pareils.

Ainsi donc, comme on vient de le voir, pendant une longue période, plusieurs sociétés se sont précédées et suivies dans cette triste carrière de fautes et d'erreurs, en y laissant leur fortune et leur existence, sans que pour cela aucun de leurs directeurs, avant de rendre son âme industrielle avec son dernier écu au dieu de l'impuissance, ait eu, dirai-je, le remords ou la consolation de reconnaître et de s'avouer les causes de sa chute ! Tant il est vrai que l'homme inintelligent a une dose d'orgueil si forte que durant sa vie d'affaires il ne voit pas, et qu'arrivé au moment fatal, ses yeux ne peuvent refléter pour porter à sa conscience la lumière qui apparaît tout-à-coup au chevet de son bilan !

D'après ce qu'on sait, maintenant, de la manière dont a été menée pendant cinquante ans l'exploitation de cette grande entreprise, l'on ne s'étonnera pas de l'absence de tout travail vraiment utile, de toute mesure annonçant la droite et juste compréhension de sa nature réelle, de ses richesses et de ses ressources.

Ce qui est vrai, c'est que pas un indice, même léger, n'a existé sous ce rapport : que dans une opération où il s'agissait surtout de mettre les richesses minérales enfouies avec abondance dans le sein de la terre, à portée tant des lieux où devait s'opérer leur fabrication que de ceux où les produits matériels en résultant devaient être livrés au consommateur ou tout au moins à l'intermédiaire de la consommation, c'est-à-dire, au négociant chargé de les mettre sur le marché; aucun moyen de transport rationnel n'a été créé, aucune route, que dis-je ? pas même le moindre chemin voiturable n'a été entrepris puisque, comme on l'a vu, pour tirer de la mine la matière exploitable et la rendre, soit au simulacre de dépôt et de parterre établi au bas de la montagne, soit à l'usine d'exploitation du minerai d'alun, éloigné de deux kilomètres, l'on n'avait rien trouvé de mieux que le ridicule et ruineux transport à dos d'âne !

Que si l'on parle du mode d'extraction du minerai, c'est-à-dire de l'exploitation de la mine, c'est pis encore peut-être. Au lieu de pratiquer dans la montagne, d'après les directions des filons, des galeries véritables, suivant un plan, des proportions et des directions combinées d'avance, c'est à des trous informes, bizarrement percés, maladroitement dirigés dans l'intérieur et encore à peine menés beaucoup au-delà de leur bouche, qu'on s'est borné, laissant à des ouvriers mineurs, le plus souvent sans zèle ou intelligence, le soin de se diriger suivant leur bon plaisir à travers les terres.

Que pouvait, je le demande, produire un pareil mode d'exploitation, même appliqué au fonds le plus riche? Rien assurément que des bévues grossières, qu'une ruine certaine, et il n'y a pas manqué.

Certes, c'est ici surtout, c'est en présence des faits constatés ci-dessus, qu'il m'est permis d'insister sur les réflexions, et les idées ébauchées dans le premier chapitre de cet écrit, en vue de faire comprendre combien il importe à la sûreté du jugement à porter sur une affaire industrielle, de la considérer tout à fait abstractivement de ceux qui l'exploitent.

En effet, l'on vient de voir se succéder dans celle-ci de nombreuses sociétés, apportant chacune à l'exploitation des capitaux bien plus que suffisants pour la conduire avec utilité, si elle l'eût été avec entente et sagesse, et néanmoins s'épuisant, s'exténuant à en mourir les unes après les autres par des causes visibles, patentes, qui ont été les mêmes à tour de rôle pour chacune d'elles : comme si elles se fussent fait le défi mutuel de s'imiter avec le plus de scrupule dans leurs non-sens, dans leurs fautes et dans leur ardeur à marcher vers une ruine infaillible. Ne dirait-on pas vraiment que ces diverses sociétés ont pris successivement les mines de Saint-Georges pour un mât de cocagne, au haut duquel elles apercevaient la fortune , et qu'en s'évertuant à y monter pour la saisir, préoccupées uniquement de ce désir qui absorbait toutes leurs facultés, elles se sont toutes, l'une après l'autre, laissées glisser dans le précipice ouvert à leurs pieds, faute d'avoir sagement combiné les moyens de franchir la distance et d'affronter cette pente glissante de la direction d'une entreprise industrielle.

Et c'est ici pareillement qu'on peut juger de tout ce qu'il y a eu d'inconsistant et d'irréfléchi de la part du public des localités (il est vrai si peu expérimenté, si peu éclairé dans ces sortes de choses !). Au lieu de saisir, de reconnaître, ce qui lui était si facile, les causes du non-succès en se rendant compte des moyens d'opération des exploitateurs qu'ils avaient chaque jour sous les yeux, et de prendre pour ainsi dire leur incapacité sur le fait, ce public a trouvé plus simple et plus expédient d'en conclure la condamnation de la chose elle-même, et de déclarer l'opération mauvaise et chimérique. En réfléchissant à ce qu'était alors le pays en fait d'industrie et d'exploitation minière, à sa profonde ignorance des premiers errements de ces sortes d'affaires comme de beaucoup d'autres encore, je suis bien tenté, en lui accordant indulgence plénière, de faire, pour ce qui le touche, une allusion nouvelle aux saintes paroles du livre des livres, et de dire : « Pardon- » nons-leur, ils ne savaient ce qu'ils faisaient ! »

Au surplus, qu'on ne croie pas que c'est de gaîté de cœur et uniquement pour donner cours à des rancunes qui même eussent-elles existé, seraient aujourd'hui, assurément, à tous les titres, bien peu faites pour me préoccuper, que je me suis déterminé à rendre public ce narré des précédents désastreux des mines de Saint-Georges.

S'il est bien vrai qu'aucune solidarité quelconque ne saurait être établie entre l'ancienne direction et la mienne; si aucun lien d'analogie n'existe et ne peut exister entre les principes et l'action des anciens exploitateurs et les miens, il n'en est pas moins vrai que, ne fût-ce que par sollicitude pour l'intérêt des nouveaux possesseurs en communauté avec moi, il était de mon devoir d'établir la ligne de démarcation la plus absolue entre les deux époques, entre les deux directions.

Je ne saurais trop, en effet, insister sur ce point, car, pour restituer entièrement à la concession de Saint-Georges, son véritable caractère d'affaire sérieuse et utile, au premier chef, pour ses intérêts comme pour le pays lui-même, il fallait bien signaler les causes qui ont pendant longtemps jeté sur cette vérité un voile presque funèbre, et montrer que, nouveau phénix, elle sort aujourd'hui des cendres dans lesquelles l'avaient enfouie ses premiers possesseurs par le fait de leur profonde incapacité.

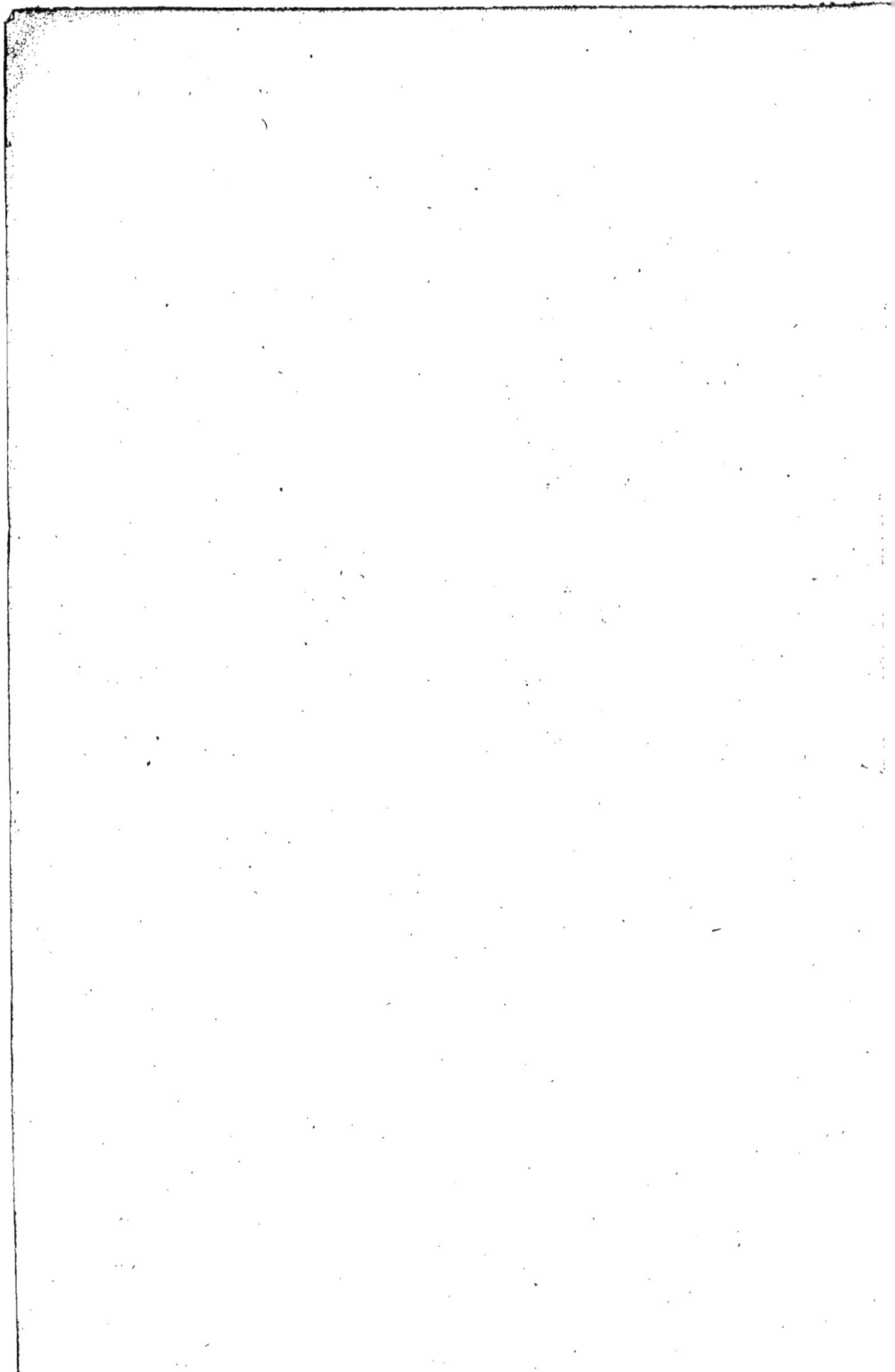

CHAPITRE VI.

CE QUE SONT, EN RÉALITÉ, LES MINES DE SAINT-GEORGES.

CHAPITRE VI.

Ce que sont, en réalité, les Mines de Saint-Georges.

Pour faire d'autant mieux comprendre ce que j'ai à dire de la nature et de la valeur industrielle des mines de Saint-Georges, je crois à propos d'entrer ici dans quelques explications préalables sur les conditions et circonstances qui constituent l'infériorité d'un gisement houiller au point de vue de la facilité et des avantages de son exploitation.

Ce qu'il faut, en pareil cas, prendre en très-grande considération, c'est la situation matérielle, c'est-à-dire, d'une part, le plus ou moins d'enfoncement dans le sol et la constitution plus ou moins favorable de ce sol à l'extraction : d'autre part, les moyens d'approche que la position de la mine peut offrir, avec plus ou moins de facilité et par conséquent d'économie, dans le transport de la matière extraite.

Il est certain, en effet, que là, est la solution des questions relatives aux frais, questions si importantes que, souvent, si par la nature des choses, la balance vient à trop peser du côté de la surcharge, l'extraction, même en présence d'un minerai de qualité supérieure, peut en être affectée au point de devenir une opération, ou nulle quant au bénéfice, ou même mauvaise et ruineuse.

Supposons, pour préciser d'autant plus mon idée, un gîte houiller, placé à de grandes profondeurs verticales, comme il y en a tant chez nous, et nos voisins d'outre-mer et d'outre-Rhin. Supposons (ce qui est trop souvent une réalité), que les couches de terre, supérieures ou juxta-posées au filon minier, sont en contact avec des eaux souterraines abondantes, ou avec des roches compactes d'une grande épaisseur : Il est bien clair qu'il résultera de là d'extrêmes difficultés au fonçage des puits, comme au forage des galeries : qu'il s'en suivra l'impérieuse nécessité de créer de puissants moyens d'épuisement. Et si, après avoir eu à combattre l'obstacle des roches intérieures, on arrive dans les profondeurs du sol, où se doit faire l'extraction, à un terrain amolli par l'effet des eaux, il faudra s'occuper avant tout, à fur et à mesure de l'avancement du travail, d'un système de boisement solide, propre à garantir et le mineur et la mine contre les éboulements.

Or, toutes ces difficultés, tous ces travaux se traduisent forcément, infailliblement, en frais considérables qui, souvent, peuvent, suivant les cas, augmenter démesurément le prix de l'extraction et presque en annuler le bénéfice en présence du prix de vente modique auquel les houilles arrivent aujourd'hui sur la plupart des marchés français.

Un préjudice d'autre nature, mais qui, pour n'être que moral, n'en a pas moins sa gravité, c'est, dans les mines à

profondeur, le danger d'explosion par l'effet du gaz, dit vulgairement *feu grisou*, ou le danger d'asphyxie par les exhalai-
sons méphitiques de terrains qui n'ont pu être mis suffisamment en contact avec l'air respirable à raison des difficultés extrêmes que présente, dans ces entrailles de la terre, l'aération
des galeries. Je dis que c'est là un préjudice moral, et,
certes, au point de vue philanthropique, je suis tout disposé à lui attribuer une gravité plus grande encore qu'au
préjudice financier, car la vie des hommes ne saurait s'apprécier par l'argent. Mais après tout, je pourrais aller plus
loin et classer cette difficulté au nombre de celles qui entrent
dans le compte de revient de l'extraction, car il est certain
qu'elle doit peser le plus souvent sur le prix de la journée
du mineur, autorisé tout naturellement à exiger un salaire
plus fort pour un travail plus pénible ou plus dangereux.

Maintenant, que la houillère soit placée dans une localité
éloignée des centres de consommation, sans moyen d'y ac-
céder par des voies faciles et économiques, ce sera là une
condition de plus, et très-capitale, d'infériorité pour l'exploitation, en ce qu'elle tendra soit à réduire notablement ses
profits soit même parfois à en rendre impossible la continuation.

Ce tableau que je viens de tracer d'une extraction houillère,
placée par la nature des choses dans une situation peu favorable, n'est point, assurément, un tableau de fantaisie. Ce
n'est pas davantage la peinture d'un cas exceptionnel, et l'on
peut affirmer sans crainte que plus d'une opération de la nature de celles dont je m'occupe, se trouve, en général, sous
quelqu'un des rapports que je viens de toucher, sinon sous
tous, dans la position décrite.

Je n'en veux pour preuve que l'état de délaissement dans

dans lequel, ainsi que je l'ai fait observer précédemment, restent certaines exploitations houillères, après avoir coûté à leurs exploitateurs des sommes fabuleuses.

Ceci bien établi, je puis, je dois dire, parce que les faits matériels, patents, sont là pour justifier mon assertion que, par un bénéfice de nature des plus remarquables en même temps que des plus heureux, les conditions dans lesquelles elle a mis la houillère de Saint-Georges sont le contrepied le plus parfait de celles qui, [d'après l'aperçu qui précède, rendent une exploitation de cette espèce ou douteuse ou mauvaise; et je suis tout aussi fondé à dire, en regard de cette excellente constitution des mines de Saint-Georges, que par cela même, elles ne peuvent être considérées à aucun titre comme solidaires des mauvais résultats premiers de leur exploitation, lesquels ont leur cause unique dans les fautes énormes, dans les bévues sans nom commises par leurs exploitateurs primitifs.

Voici, en effet, quelles sont, à l'égard des mines de Saint-Georges, ces circonstances dans lesquelles se présentent leur constitution géologique et leurs conditions d'exploitation.

Premièrement : Au lieu d'être à profondeur verticale dans le sol, ces mines sont *en montagne*, par filons horizontaux, placés à proximité des flancs de la hauteur, de manière à permettre l'ouverture de galeries d'extraction qui, après 30 à 40 mètres à peine de forage, arrivent en pleine veine de charbon, puissante, d'excellente qualité, sans renfoncement, ni failles, et se continuant indéfiniment dans le périmètre d'une très-grande partie de la concession, en augmentant successivement d'épaisseur et de qualité : son extraction ne présente aucune difficulté exceptionnelle et se ren-

fermé dans les conditions d'une extraction ordinaire, si ce
n'est que, de l'aveu même des mineurs de Saint-Georges, ils
ont là, un travail infiniment moins pénible que dans beaucoup d'autres mines renommées par leur richesse. Ce qui va
se trouver justifié d'ailleurs d'une manière sans réplique par
ce que j'ai à dire ci-après du prix d'extraction.

Secondement : Le sol dans le sein duquel se développent
les filons de houille de Saint-Georges est de nature si solide,
que, dans les six galeries de direction, de même que dans les
galeries d'exploitation déjà ouvertes, il a été complètement
inutile de faire un boisage quelconque, la roche faisant partout le toit de la galerie, au-dessus du filon de chiste alumineux, qui, partout, est pour ainsi dire, compagnon et solidaire du filon de houille.

De plus, la disposition des couches en exploitation, qui
commande celle du sol de la galerie, est telle que les eaux
de suintement, ou autres, trouvent moyennant les travaux
faits sous ma direction leur écoulement naturel au dehors sur
les flancs de la montagne, sans nécessité aucune de travaux
d'épuisement.

Troisièmement : La situation et la conformation du sol de
la concession, ont cela de particulièrement avantageux que
l'aérage se produit, dans les galeries déjà pratiquées, par le
fait même de l'exploitation, car ces galeries qui, toutes, ouvrent à l'extérieur sur les flancs de la montagne et qui sont
reliées entre elles par d'autres galeries latéralement ouvertes,
de gauche et de droite, sont à la fois galeries d'extraction et
galeries d'aérage, puisqu'elles produisent déjà et produiront
de plus en plus une ample circulation d'air dans tout l'intérieur de la mine exploitée.

De là, résulte qu'aucune inflammation spontanée de gaz n'est à craindre par l'approche de la lampe des mineurs, (lampe tout ordinaire, l'emploi de la lampe Davy y étant complètement inconnu à raison de sa parfaite inutilité en ce qui touche cette exploitation) et que nulle exhalaison des vapeurs délétères ne peut menacer non plus la vie des ouvriers. La vérité est que, pas un de ces cruels accidents, si communs par malheur dans les mines à profondeur verticale, ne s'est réalisé à l'égard des mines de Saint-Georges, qui se placent ainsi, au point de vue de l'humanité, dans une très-heureuse exception.

Pour compléter l'idée à prendre des mines de Saint-Georges, à leur point de vue topographique et géologique, il faut dire ici, que leur concession comprend une étendue superficielle de plus de douze kilomètres, qui gît et se développe, à l'extrémité O, E, du grand plateau calcaire du Larzac, tantôt en montagnes nues et plantées, tantôt en vallées, séparant ces montagnes et offrant des aspects variés.

Cette vaste étendue concédée, contient, dans la moitié au moins de son périmètre, ainsi que l'ont reconnu les ingénieurs, trois couches de houille superposées de qualité la plus excellente et propre à tous les emplois de l'industrie : elle fait entre autres du gaz et du cock parfaits.

De l'avis des hommes de l'art, la quantité des houilles que contient la concession, est de nature à fournir à une exploitation de plus d'un siècle de durée permanente. Cette quantité est évaluée par eux à près de cinq millions de tonnes. Si j'accepte ce chiffre, c'est en vue de ne pas contredire ici aux gens de l'art. Mais, pour ce qui est de mon opinion intime, je ne doute pas que la quantité réelle ne soit beaucoup plus considérable, double même peut-être. Au reste cela importe peu, car, en acceptant le chiffre de cinq millions de tonnes, n'est-il pas pour la société une richesse inépuisable eu égard à sa durée ?

Des trois couches de houille, une seule, qui est la plus puissante, est exploitée en ce moment, et d'ici à bien long-temps il n'y aura lieu de s'occuper des deux autres.

Au-dessus de ces couches de houille, et dans tout leur déve-loppement connu, est un gisement immédiatement superposé de schistes alumineux d'une épaisseur de 40 à 45 centimètres, et d'une nature toute particulière quant à sa composition chimique et à la pureté de l'alun qu'on en retire, ainsi que déjà j'ai eu l'occasion de le dire.

A part ces deux éléments géologiques du sol de la conces-sion, les masses du terrain sont presque entièrement cal-caires comme le plateau lui-même, sauf des gisements d'ar-gile, assez fréquents dans les vallées.

Les centres de population et d'industrie les plus rapprochés de la concession, sont Milhau, Saint-Affrique, Lodève, le Vigan, Cette, Montpellier, etc. etc., pays de fabrique et de consommation spéciale de houille et d'alun.

La conséquence facile à saisir de tout ce qui vient d'être dit ci-dessus, c'est que non seulement l'exploitation des mines de Saint-Georges, se placera sous très-peu de temps au rang des plus grandes et des plus profitables opérations de son espèce, mais encore et surtout que, soit au point de vue du concours utile donné à l'industrie manufacturière de trois départe-ments, soit à celui de l'emploi d'un grand nombre de bras et de l'aide ainsi apporté aux classes laborieuses, cette opération acquiert un caractère incontestable d'intérêt public qui la recommande à tout ami du pays.

J'insiste, de nouveau, à dessein sur ces idées, parce qu'il est bon, pour servir d'enseignement à ceux qui seraient enclins à adopter de confiance des jugements légèrement ou témérairement portés, de mettre en présence des faits dont la preuve matérielle, en ce qui concerne les mines de Saint-Georges, peut être faite pour quiconque le voudra, l'incroyable hardiesse, je ne veux pas dire la noire malveillance, de gens qui, les plus voisins de la localité et pouvant ainsi tout voir de leurs propres yeux, se sont évertués à dire, que ces mines n'existaient qu'à l'état nominal, étaient pour ainsi dire une fiction, et ne contenaient de charbon que dans l'imagination de leurs possesseurs : se faisant un argument de l'état de nullité de l'entreprise produit par les sottises de ses premiers possesseurs pour appuyer leur jugement insensé sur l'état où leur successeur, (c'est-à-dire moi-même), était parvenu à la faire arriver, état de production et de mise en valeur visible pour tous ceux qui ne voulaient pas rester aveugles volontaires ; car, notez bien que, depuis des années, ceux-là même qui tenaient ce langage voyaient journellement passer des charges de charbon livrées par la mine à l'industrie sur des points divers ; ils entendaient, pour ainsi parler, le retentissement du pic sur les blocs arrachés par le mineur : Eh bien! plus inexplicables encore que les incrédules stygmatisés par l'Evangile, ils dépassaient en obtusion des sens, de la vue et de l'ouïe, ceux dont il a dit : *Oculos habent et non vident; aures habent et non audiunt.* Il n'est pas sûr qu'on puisse, quant aux incrédules du pays, ajouter en paraphrasant la Bible : *Ils ont de l'intelligence et ils ne comprennent pas.*

En effet, le jugement même le plus vulgaire, si l'on

suppose l'absence de toute mauvaise pensée, ne suffisait-il pas pour que, des faits patents de chaque jour, on dût conclure à l'existence réelle du trésor minéralogique renfermé dans les flancs de la montagne de Saint-Georges ? Le plus ordinaire sentiment d'amour du bien public ne devait-il pas donner à chacun des habitants de la contrée que la nature a dotée de ces éléments de richesse, le sens patriotique d'en apercevoir l'heureuse portée, et, par cela même, la tendance à croire, en se félicitant, plutôt qu'à contredire et à dénigrer!

Insister davantage sur des réflexions de cette nature serait inutile; mais, par bonheur, les temps d'épreuve sont passés, et l'obstacle n'a plus aujourd'hui qu'une valeur d'exemple, et de leçon pour l'avenir. Des convictions éclairées s'étant formées, quelques hommes à larges idées, étrangers au département de l'Aveyron mais non pas indifférents aux choses d'intérêt général, se sont entendus pour apporter à l'exploitation dont il s'agit tout l'aide nécessaire, et, aujourd'hui, rien ne peut plus s'opposer à ce qu'elle étende progressivement ses développements jusqu'à la plus extrême limite du possible.

CHAPITRE VII.

ÉTAT PRÉSENT DES MINES DE SAINT-GEORGES.

CHAPITRE VII.

État présent des mines de Saint-Georges.

J'ai dépeint sommairement le triste passé des mines de Saint-Georges : heureux d'avoir à traiter un sujet plus consolant, j'aborde actuellement ce qui touche leur état présent : Tout à l'heure je vais parler de ce que doit être leur très-prochain avenir.

On comprend sans peine que ce que j'avais à faire, en arrivant à la tête de l'entreprise, pour lui sauver des désastres pareils à ceux que lui avait valu la détestable direction à elle donnée par ses divers exploitateurs, c'était de lui imprimer une marche toute différente.

Il fallait faire que cette direction nouvelle répondît aux conditions et exigences actuelles de l'industrie, sans cesser d'être en rapport avec le capital applicable à l'affaire.

Il fallait, au même degré de nécessité, faire des études approfondies, non pas au point de vue de la théorie scientifique (nécessité superflue, désormais, à l'égard des mines de Saint-Georges), mais bien au point de vue de la pratique industrielle et commerciale, dans le but d'arriver le plus promptement et le plus économiquement possible à l'exploitation sur une vaste échelle et du combustible houiller et du minerai d'alun.

Mais, surtout et tout d'abord, il fallait, même en présence des rapports des hommes de l'art, s'assurer, par une vérification matérielle, du fait de l'existence en très-grande quantité du charbon minéral, de sa bonne qualité, aussi bien que de celle des schistes alumineux.

Si l'on veut bien se rappeler que je n'apportais dans l'exercice de mes fonctions de gérant et de directeur des travaux que l'expérience des choses et des hommes, unie à la ferme volonté de bien faire, on reconnaîtra sans peine, d'après ce qu'on sait déjà du pays où il me fallait opérer, combien d'obstacles se présentaient à mon action, combien de rudes et sérieuses difficultés j'avais à vaincre pour parvenir à mon but.

Que si l'on me demande pourquoi je ne me suis pas fait assister d'un homme de l'art, pour la direction de tous ces travaux, je répondrai : que, de l'inspection par moi faite de l'état matériel de la concession il résultait, à mon sens, que cette affaire était réellement et à tous les titres une spécialité, entre tous les charbonnages, à laquelle il fallait naturellement appliquer des moyens spéciaux d'exécution : Que, faute d'avoir compris cette situation exceptionnelle de la concession de Saint-Georges, les divers ingénieurs civils dont le concours avait été antérieurement réclamé avaient fait pratiquer, à grands frais, des travaux, qui, faits en dehors d'études préparatoires au point de vue industriel et commercial, devaient, comme le fait ne l'a que trop démontré, rester sans résultat quelconque, et ne pouvaient produire que des regrets : qu'éclairé par ce précédent, et convaincu d'être par moi-même dans la bonne voie d'exécution, il me semblait aussi peu utile que convenable de courir les mêmes risques que mes prédécesseurs, en abandonnant les travaux à une autre direction que la mienne.

Et à ce sujet, en vue de repousser d'autant plus victorieusement tout reproche d'imprudence, s'il m'en était adressé, (ce qui Dieu merci ! n'a pas eu lieu jusqu'à ce moment), j'ajouterai que, d'une part, mes intéressés avaient accepté leur situation en parfaite connaissance de cause : Et que, d'une autre part, nonobstant leurs offres, j'avais refusé de recevoir le versement du prix de leurs actions, voulant assumer sur moi seul toutes les chances onéreuses, s'il y avait lieu, de mes premiers travaux, pour n'encaisser le montant des souscriptions que du moment où il me serait prouvé d'une manière absolue que l'argent de mes actionnaires ne pouvait être, en aucune façon, exposé ou compromis.

C'est dans cet esprit, et à mes risques et périls, que je commençai la mise en œuvre de l'entreprise en vue d'une grande exploitation future.

Par ce qui précède, je n'ai point voulu, Dieu m'en garde ! jeter un dépris quelconque sur la science des ingénieurs et sur l'utilité de leur concours en presque toutes les affaires métallurgiques, ou autres ayant rapport à la science proprement dite. Je n'ai voulu que bien faire comprendre combien il est nécessaire qu'une opération soit traitée suivant sa nature propre, et comment, lorsque la question industrielle et commerciale y domine, c'est surtout à l'esprit exercé à ces matières qu'il faut s'en rapporter du soin de lui donner le mouvement et la direction qui doivent utiliser ses éléments, en les mettant en œuvre avec l'économie sévère, qui doit présider à toute entreprise de ce genre.

Mais, du reste, je me fais honneur de professer pour la science et le caractère des ingénieurs en général (surtout de ceux sortis de cette école fameuse entre toutes, l'une des plus puissantes créations du génie de Napoléon, que le monde entier s'est assimilée), une estime profonde et une confiance justifiée par leur immense savoir. Si parmi les ingénieurs d'une autre classe il y a des exceptions malheureuses, et j'en ai eu la preuve, ce n'est point au corps à en répondre, mais à quelques tristes individualités qui se montrent peu dignes de l'honneur de lui appartenir.

Au demeurant, je n'ai eu garde de repousser d'une manière exclusive le recours aux hommes de l'art, et de soustraire à leur vue comme à leur jugement les premiers résultats de mes travaux. L'un des plus dignes d'entre eux, par sa science comme par sa droiture, et surtout éminemment propre, par son expérience consommée en pratique industrielle, à bien apprécier une opération telle que celle des mines de Saint-Georges, a été appelé (1), à examiner l'état de choses créé par mes soins, et j'ai été heureux de voir

---

(1) Voir le rapport de M. Cabantous, ancien ingénieur en chef des mines d'Aubin et de Decazeville, qui, avec la plus scrupuleuse attention et le désintéressement le plus rare, a fait, sur place, l'examen de tous les éléments de la concession de Saint-Georges.

honoré par lui d'une approbation aussi flatteuse que complette,
et les mesures matérielles par moi prises, et les travaux tant
intérieurs qu'extérieurs exécutés sous ma direction, et les
vues industrielles que j'avais conçues pour faire arriver l'entreprise à son entier état de production et de prospérité.

Voici la rapide analyse des travaux d'exécution qui ont
suivi les études préparatoires auxquelles je m'étais livré *a
priori*.

C'est, comme on l'a vu, la montagne dite du SÉRAL qui est
la première partie de la concession qui ait été mise en exploitation ; dans cette partie seule, il est bon de le répéter, le
gisement houiller est tellement considérable et abondant que
pendant bien longtemps il peut fournir à une grande et permanente extraction, sans même qu'il soit besoin d'attaquer
les deux couches supérieures à celle présentement exploitée,
bien loin qu'il faille faire des travaux analogues dans aucune autre partie de cette immense montagne.

Pour arriver à l'exploitation en grand de la houille et du
minerai alumineux, j'ai fait successivement ouvrir dans le flanc
de la montagne, à moitié environ de sa hauteur, c'est-à-dire
à une élévation d'à peu près 2 à 300 mètres, des galeries au
nombre de huit, de distance en distance ; et, à fur et mesure
que, dans chacune d'elles, j'avais pénétré à la couche du
charbon (éloignée en général d'environ 70 à 80 mètres de
l'ouverture extérieure) j'ai établi, à droite et à gauche, des
tailles de 8 à 10 mètres menées parallèlement à la galerie de
direction.

C'est ainsi que, tout en préparant les voies d'une large
exploitation, j'ai pu vérifier par moi-même l'abondance de

produits charbonneux et alunifères que la seule couche inférieure attaquée jusqu'ici, assure à l'exploitation pendant une
longue suite d'années. Il n'est pas une seule des huit galeries
ouvertes actuellement dont je n'aie moi-même, et manuelle-
ment plus d'une fois, dirigé les travaux d'ouverture et de
forage : autant donc qu'aucun de mes mineurs, j'en connais
la disposition comme la consistance, et je puis affirmer non
seulement que, dans toute la couche, le charbon conserve sa
tenue, mais encore que plus on avance dans le sein de la
montagne, plus cette couche acquiert d'épaisseur et de
densité.

Quant à la qualité du charbon, tout ce que les plus habiles
géologues et industriels ont dit depuis longtemps de son
excellence, l'usage journalier le confirme et c'est aujourd'hui
un point hors de toute contestation.

Revenons à l'exposé du mode de travail aujourd'hui pra-
tiqué à Saint-Georges.

Les schistes pyriteux (minerai alunifère), abattus successivement, en même temps que le charbon, sont immédiatement
disposés partout comme remblais, de telle sorte que l'enlè-
vement du charbon abattu ne produit aucun vide et, par-
conséquent, ne peut donner aucune crainte sur la solidité du
toit de la galerie, d'ailleurs fort solide par lui-même.

En même temps que je faisais ouvrir des galeries de direction, je faisais pratiquer des galeries d'aérage pouvant servir
simultanément au *roulage* des deux minerais.

Dans tout le parcours intérieur des galeries de direction
j'ai fait établir des rail-ways, à une seule voie, par lesquels

le charbon abattu est amené, par *roulage*, du chantier intérieur d'abattage à l'extérieur de chaque galerie, afin d'être,
de là, transporté à un point commun, ainsi qu'il va être dit.

Pour parvenir à opérer ce transport sûrement, promptement, et économiquement, j'ai fait pratiquer, sur tout le parcours extérieur des affleurements de la montagne, en avant de
la bouche des huit galeries de direction, et pour servir aussi à
toutes les autres que je me propose d'ouvrir successivement,
une voie de circulation solidement établie et ballastée, sur deux
mètres de largeur, destinée à former, à l'aide des rails qu'on
achève d'y poser en ce moment, un chemin de fer américain
sur lequel sera reçu chaque wagon sortant chargé de la galerie, pour arriver rapidement par la seule impulsion des
pentes douces, combinées à cet effet, au point de centre de
ce parcours ; de là, et au moyen d'une plaque tournante, le
wagon sera dirigé sur un *plan incliné*, établi dans les conditions les plus simples quoique les plus solides, qui le conduira
au pied de la montagne, où est établi le dépôt général des
charbons abattus ; quant à ceux qui sont destinés à être
écoulés par la route de *Seral à Milhau, St-Affrique, etc.*,
de plus, afin d'offrir toute la facilité désirable pour l'abord du
dépôt par les véhicules destinés à charger le charbon, j'ai fait,
non seulement mettre en parfait état de circulation la route
actuelle de Séral, mais encore j'ai fait tracer et ferrer un
chemin voiturable qui, de l'extrémité de cette route, du côté
de la mine, aboutit au dépôt des charbons ; de telle sorte que
les voitures, après avoir abordé le parterre de la mine et avoir
passé sur une bascule destinée à constater leur poids à vide,
puis avoir été charger au dépôt et avoir repassé, chargées,
sur la même bascule (ce qui donne la connaissance mathé-
matique du poids du charbon contenu dans la charrette),

reprennent, avec toute facilité, la route publique qui doit les conduire à leur destination.

On croira sans peine aux difficultés considérables que j'ai dû rencontrer dans l'exécution de tous les travaux accomplis depuis ma prise de possession.

Quant à ceux tout récents qui ont eu pour but la circulation si importante à établir dans les galeries, sur les flancs de la montagne et aux abords de la plate-forme du plan incliné, on comprendra qu'elle en a été la difficulté quand on saura que la montagne du Séral est presque exclusivement formée de roches calcaires d'une très-grande densité, attaquable seulement, sur le plus grand nombre des points, par la puissance de la mine; ce qui est vrai, c'est qu'il a fallu dépenser, là, une énorme quantité de poudre; et, néanmoins, malgré ces explosions incessantes, en quelque sorte, depuis l'aube jusqu'à la tombée du jour, j'ai à me féliciter qu'aucun accident malheureux ne soit venu, pas plus que précédemment attrister le succès complet des efforts et du zèle dont chacun a fait preuve pour arriver au but.

Je ne serai démenti par nul de ceux qui ont vu les choses dans leur état précédent quand je dirai qu'aucun d'eux n'eût douté qu'un temps considérable et une très-forte dépense ne fussent nécessaires pour mettre à chef l'entreprise de ces derniers travaux. Qu'on me pardonne de faire, en [regard de cette conviction, connaître la vérité telle qu'elle résulte du fait accompli : six mois auront suffi à cette rude besogne, et sa dépense aura été renfermée dans des limites si étroites, qu'en présence de la véritable grandeur du résultat, on se refuserait d'y croire si les comptes justifiés n'étaient là pour en donner la preuve.

Actuellement qu'on peut, à l'aide des détails qui précèdent, se faire une idée nette des moyens de production du charbon de Saint-Georges, il est juste qu'on soit mis à même de se convaincre de son excellente condition quant au prix de revient; on va voir tout à l'heure que ce prix est sans comparaison possible avec celui des anciennes compagnies qui ont possédé la concession, de même qu'avec celui des compagnies qui exploitent partout ailleurs au moyen de puits et de galeries à profondeur verticale.

Sans doute, pour atteindre ce but il m'a fallu des luttes sans nombre, procédant d'habitudes, innées pour ainsi dire chez les habitants du pays; il m'a fallu surtout ce que le fabuliste met à si juste titre au premier rang des moyens de succès : PATIENCE ET LONGUEUR DE TEMPS; mais je suis parvenu heureusement à mes fins. Voici comme j'établis aujourd'hui le prix du travail de l'ouvrier mineur, dans les mines de la compagnie.

Chaque mineur travaille à ses pièces. Il reçoit, par chaque quintal métrique de charbon abattu en motte, 0 30 c. et, par chaque quintal de charbon menu, 0 25 c.

Sur ces bases et sans prendre de moyenne j'établis le prix de revient du charbon abattu dans la mine à quinze centimes les 50 kilog., soit, la tonne . . . . 3ᶠ »»ᶜ

L'extraction (roulage) s'opérant par des wagons traînés sur des rails avec toute facilité par des manœuvres, coûte au maximum, par tonne. . 0   20

Le remblayage dans les galeries 0   20

Et les frais d'entretien des outils, du matériel, etc., etc. 0   60

Ce qui, dès lors, porte à 4ᶠ 00ᶜ

(*quatre francs*) le prix de revient de la tonne de charbon rendue à port de charrette pour le service des localités manufacturières des environs de Saint-Georges, telles que Milhau, Saint-Afrique, etc.

Quelle que soit la modicité de ce prix du travail du mineur , eu égard à la dépense à faire par l'exploitation, ce n'est pas à dire que l'ouvrier n'y trouve très-amplement son compte. Tout au contraire, à raison de la facilité considérable que lui offre, là, le travail d'abattage, le mineur de Saint-Georges, sans excéder ses forces, peut aisément se faire une journée de 3 fr. 50 c. à 4 fr., considérée comme très-exceptionnelle dans le pays. Plus, au reste, il gagne dans son travail et plus l'intérêt de la compagnie s'en trouve bien. Ces deux conséquences parallèles sont assurément ce qu'il y a de mieux à désirer en pareille matière.

Le prix de revient ci-dessus s'accroîtra dans une proportion qui ne peut toutefois l'excéder de plus d'un tiers environ, à l'égard des charbons destinés à être, d'après ce qui va être dit au chapitre suivant, exporté dans les départements de l'Hérault et une partie du Gard ; car ces charbons devront être mis en entrepôt au bourg de *la Cavalerie*, situé à 16 kilomètres de distance de la mine, le revient sera, en conséquence, porté à 5 fr. 25 c.

C'est là, certes, l'une des plus excellentes conditions de revient qui se puisse réaliser pour une exploitation houillère, et elle assure aux Mines de Saint-Georges, sous ce rapport, une situation des plus favorables.

CHAPITRE VIII.

AVENIR PROCHAIN DES MINES DE SAINT-GEORGES.

7

CHAPITRE VIII.

Avenir prochain des mines de Saint-Georges.

Sauf la courte observation qui termine le chapitre précé-
-dent, je n'ai point encore parlé de ce qui constitue le point
capital de l'entreprise, c'est-à-dire l'écoulement, par grandes
masses, des charbons de Saint-Georges, sur les centres manufacturiers si importants de l'Hérault et du Gard, et même,
plus tard sur le littoral méditerranéen, pour le service de
la navigation à vapeur, lorsque auront été mis en circulation
les grandes lignes de chemin de fer dout il est question au
chapitre III. Qu'on me permette de présenter ici, sur ce sujet,
si éminemment intéressant pour l'avenir de l'entreprise,
quelques explications destinées à en faire bien comprendre
toute la portée réelle.

Sans doute, donner aux travaux de l'exploitation une
bonne et utile direction, créer de vastes chantiers d'abat-

tage (**1**), rendre facile l'extraction des charbons abattus et leur réunion en un seul dépôt, ainsi que l'abord de ce dépôt, c'étaient là des préparatoires de haute importance, de nécessité absolue même : mais ce n'était pas tout : Ce qu'il fallait, immédiatement après cela, pour que tous ces efforts portassent leurs fruits, pour que tous ces travaux rendissent en avantage commercial ce qu'ils avaient coûté en temps et en argent, c'était la création de moyens d'écoulement à des prix excessivement bas et permettant, par cela même, d'exporter chaque jour les masses considérables de produits charbonneux que la largeur des moyens de production mettait à la disposition de la compagnie.

Si, là, était le plus grand intérêt de l'entreprise, là, aussi, gisait sa plus grande difficulté. Cette difficulté paraissait si énorme, si invincible, qu'avant mon arrivée à la tête de l'opération nul ne s'était préoccupé de l'idée de la surmonter ; nul n'avait même supposé qu'il fût possible de sortir de la voie ouverte jusque-là aux exportations restreintes du charbon de Saint-Georges et qu'on pût jamais découvrir un mode différent de ceux mis en usage depuis l'origine : Et cette prétendue impossibilité pour tous d'exporter le charbon de Saint-Georges, était, même pour les hommes non malveillants, un argument qui paraissait sans réplique pour nier la valeur de l'opération et la possibilité de son développement.

Un long et mûr examen du territoire qui environne la concession, me fit d'abord pressentir l'erreur de ces tenaces mais aveugles convictions d'impossibilité. Des études précises sur ce sol vinrent bientôt mettre en moi ce pressentiment à l'état

---

(1) Dans l'une, surtout, des galeries ouvertes on peut placer à la fois plus de cent mineurs dont chacun peut abattre une tonne et plus par jour !

de certitude, et je ne pus faire aucun doute que, vu la presque horizontalité du plateau du Larzac, entre le point où est située la montagne du Séràl et celui où se trouve le gros bourg de la Cavalerie, dans un développement superficiel de 15 à 16 kilomètres, il ne fût parfaitement praticable d'y établir, à très-peu de frais, un chemin de fer dit *américain*, soit que la traction sur ce chemin dût être opérée par chevaux, ou par l'une de ces légères locomobiles parfaitement propres à remorquer sur des rails de force moyenne un train de wagons, dont chacun est d'un poids maximum de mille kilogrammes. Il me parut clair comme le jour que là était la solution nette et précise de la question relative à l'importance que pourrait prendre l'exploitation. Je savais, en effet, que la CAVALERIE, gros bourg situé sur la grande route de RHODEZ, de MILHAU et SAINT-AFFRIQUE au VIGAN, à LODÈVE, à MONTPELLIER, à CETTE, à BÉDARIEUX, etc., route sillonnée jour et nuit par des voitures de roulage, était pour elles un lieu de relai. Ces voitures revenant en grande partie à vide, il me parut qu'un entrepôt des charbons de Saint-Georges établi sur ce point ne pouvait manquer d'être promptement recherché pour leur approvisionnement par les nombreux et importants consommateurs de toutes ces localités diverses.

De plus, il me sembla évident qu'en dehors même des passages quotidiens de ce roulage étranger, les propriétaires et cultivateurs du pays qui ont chevaux et charettes ne tarderaient pas à venir d'eux-mêmes charger du charbon pour le porter dans les centres de consommation, ce qui établirait une sorte de concurrence avec le roulage régulier et permettrait d'obtenir le transport à meilleur compte.

Confirmé dans cette croyance par tous les hommes de sens consultés par moi à ce sujet, je n'eus plus qu'une préoccupation à détruire en moi pour rester convaincu de la parfaite possibilité de réalisation de mon idée à tous ses points de vue. Ce fut en ce qui concernait le moyen de faire arriver le charbon sur le plateau du Larzac, au point où commencerait le parcours du chemin de fer, point situé à quarante mètres environ en contre-haut du sol où s'ouvrent, sur les flancs de la montagne du Séral, les galeries de direction et de roulage : Mais cette difficulté fut elle-même bientôt résolue et surmontée dans mon esprit par celle de la parfaite possibilité d'établir là, comme partout où une marchandise de poids a une pente ascendante à franchir, un plan incliné dit AUTO- MOTEUR, qui s'établit et se manœuvre à très-peu de frais (1).

Tout ceci reconnu vrai, praticable, facile même (sauf la difficulté que je vais dire tout à l'heure), je me mis à l'œuvre avec ardeur.

Après avoir fait faire, par un habile conducteur des ponts et chaussées, les nivellements nécessaires et reconnaître les faibles seuils ou les dépressions peu sensibles du sol, j'ai, en même temps, fait dresser par lui le profil et le plan parcellaire.

Ce plan signalait quatre-vingt-quatre parcelles de terrain à acquérir, formant, au total, une étendue superficielle de 18,979 mètres 78 cent. Comme le sol du plateau est exclusivement calcaire et pierreux, d'une valeur qu'on peut considérer comme très-médiocre, et qu'en beaucoup de points, même, il n'est ni cultivé ni cultivable : comme d'ailleurs l'ouverture du railway est manifestement une chose fort heu-

---

(1) On peut voir au rapport de M. l'ingénieur Cabantous, déjà cité, que cette idée a été entièrement approuvée et admise par lui.

reuse pour les propriétaires qui trouveront là un moyen
de transport économique de leurs produits, je ne devais pas
douter de leur empressement à concourir à l'œuvre par la
livraison qu'ils me feraient de leurs parcelles à des prix
convenables. Mes prévisions se réalisèrent à l'égard de l'immense majorité des possesseurs, je puis dire même la presque
totalité, puisqu'un seul sur soixante-un fit obstacle à la
cession amiable, pour une parcelle de 2,735 mètres de longueur dont la valeur de convenance, jointe à la valeur réelle,
pouvait être portée au plus haut à 1,200 fr., et pour laquelle
il n'a pas craint de demander 25,000 fr.!!! ajoutant ce digne
citoyen, « *que sa demande était si modérée, uniquement à*
cause de ses vives sympathies pour la classe ouvrière !!! »
Aucun des efforts de raisonnement et de conciliation qui
furent faits auprès de cet opposant (que, par égard pour lui
je m'abstiens de nommer), n'ayant pu amener de résultat, il
m'eût été facile d'avoir raison de cette détestable âpreté,
car le droit d'expropriation pour cause d'utilité publique
aurait rendu ma compagnie propriétaire légale de son terrain, probablement même à un prix inférieur à celui de mes
offres amiables.

Mais je jugeai plus expédient d'éviter les longueurs d'une
procédure, qui feraient perdre un temps précieux, et de concert avec l'ingénieur, auteur du tracé, j'adoptai une légère
modification de direction, qui, tout en donnant au parcours environ deux kilomètres de plus, a l'avantage d'éviter une pente
ascendante de quelques millimètres qui affectait l'ancien tracé
dans son approche de *la Cavalerie*. Les terrains de l'opposant sont ainsi laissés de côté, et j'ai certitude que les nouveaux seront mis sous peu à ma pleine et entière disposition.

Somme toute, le prix total d'acquisition de ces 16 kilomètres en longueur sur 1 mètre 50 c. de largeur ne dépassera que de peu de chose, le montant de mon évaluation. Cette dépense est assurément très-minime en comparaison des avantages considérables qu'en recevra la Compagnie, et j'aurai eu, de plus, la satisfaction d'obtenir ce grand résultat sans froisser aucun intérêt local, sans exciter aucune animosité, et, tout au contraire, en laissant aux habitants de la contrée que traversera le chemin de fer, le pressentiment de l'aide précieux qu'il leur apportera pour l'utilisation plus grande de leurs propriétés.

Concurremment avec les mesures relatives à la prise de possession des terrains, je me suis activement occupé de l'acquisition des rails et traverses. A raison de la réduction du poids de ces rails à 9 kil. 50, proportion reconnue très-suffisante pour leur usage, j'ai pu réduire dans des conditions analogues la force des traverses, et j'en ai déjà acheté une partie à des prix inférieurs de plus de 100 p. % aux prix communs.

En un mot, j'ai pris toutes les mesures nécessaires pour qu'aussitôt les travaux de terrassement et de ballast de la voie parachevés, la pose des rails ne puisse éprouver aucun retard et que le chemin de fer soit mis en circulation avec tous ses moyens de service et d'activité. Les hommes intelligents s'en font une fête, et je me propose de donner à son inauguration toute la modeste pompe que comporte la circonstance.

En ce qui touche le *plan incliné auto-moteur* du Larzac, mes dispositions sont prises également pour que son établissement et sa mise en œuvre puissent avoir lieu simultanément.

Quand tout cela sera réalisé (et, à mes yeux, cette réalisa-

tion est, en l'absence de tout obstacle, désormais, un fait
acquis, à quelques mois près), quand, dis-je, tout ceci sera
fait, la compagnie devra se considérer comme nantie sans
que rien l'en puisse dessaisir du moyen de faire immédiatement des bénéfices d'une importance capitale, excédant évidemment de beaucoup la proportion même de ceux d'une
bonne affaire ordinaire de même nature. L'on en va tout à
l'heure avoir la preuve par l'espèce de compte-rendu anticipé
que j'en vais présenter en toute conscience et sans crainte
aucune de déception quelconque.

C'est par ce compte-rendu que je terminerai mon exposé,
après avoir donné sur un point non encore abordé, les explications nécessaires. Ce point est celui qui concerne les usines de
Lavincas, où se doit traiter la fabrication en grand de l'alun,
ainsi que celle des sulfates et des autres produits chimiques
énumérés précédemment.

Les usines en question n'ont de commun avec celles établies à si grands frais par les premiers exploitateurs de la
concession de Saint-Georges, que l'emplacement où elles se
trouvent aujourd'hui élevées à nouveau. Elles doivent à moi
seul leur existence et leurs dispositions. J'en excepte toutefois
les quatre murs d'un ancien bâtiment à peu près tombé en
ruines et que j'ai fait rétablir parce que, placé sur le même
plan que l'usine édifiée par mes soins, il m'a paru susceptible
d'être utilisé comme succursale de celle-ci.

L'établissement actuel est divisé en trois parties : l'une,
découverte, est située au dehors, contient trois grands bassins en pierres de taille pour le lessivage du minerai alumineux. L'autre partie est un bâtiment couvert et clos de murs
solides qui renferme dans sa division supérieure trois grands

bassins de pierres de taille destinés à recevoir les eaux lessivées à l'effet de laisser les impuretés qu'elles contiennent. Dans la division inférieure de l'usine se trouvent quatre grandes chaudières en plomb, où ces eaux sont amenées par des tuyaux de même métal, à l'effet de subir une première évaporation ; sur le même plan, mais au dessous des chaudières, sont de grands bassins en pierres de taille dits *bacs de repos*.

La troisième partie de l'usine contient huit grandes chaudières en plomb montées également sur leurs fourneaux, et destinées à la cristallisation et au raffinage.

Enfin, les *cristallisoires* pour l'alun et le sulfate de fer occupent la partie gauche de l'usine faisant immédiatement face aux chaudières, ce qui offre une grande facilité en même temps qu'une grande économie pour y faire écouler les eaux à cristalliser.

L'usine est d'ailleurs pourvue de tout son outillage d'exécution.

Cet appareil peut suffire à une fabrication annuelle de 4,000 quintaux d'alun à ses divers degrés, et de 2,000 quintaux de sulfate de fer.

C'est à la suite de cette usine, en état parfait et actuel de fonctionnement, que se trouve le bâtiment dont je viens de parler tout à l'heure. Là, seront établies des chaudières, en nombre égal, et sera créé, par conséquent, un moyen propre à doubler la fabrication ci-dessus, pour le moment où ce développement sera jugé nécessaire.

Provisoirement, un grand grenier y va être disposé pour le séchage de l'alun, en concours avec les moyens de séchage déjà créés.

A la suite de l'usine actuelle, est un grand magasin pour ses produits.

En avant sont un laboratoire pour les essais et un logement pour les contre-maîtres.

Le tout est dans le voisinage, tout immédiat, de la maison de direction, établie dans des conditions parfaites de solidité; situation qui rend la surveillance du service de l'usine facile et d'une action permanente.

L'eau, cet agent si essentiel pour opérer le dégagement de l'alun et des sulfates, est produite, en abondance et qualité excellente, par une source située tout près de là, dans le périmètre du terrain appartenant, en toute propriété, à l'entreprise, et de laquelle le courant est amené dans les bassins de l'usine par sa pente naturelle, à l'aide de travaux souterrains.

Cette source, quoique indiquée dans les titres de propriété, était demeurée inconnue des anciens exploitateurs. Aussi, pour se procurer l'eau nécessaire à la fabrication, n'avaient-ils rien trouvé de mieux que de faire élever, avec des frais énormes, un aqueduc, presque romain, et qu'on pourrait prendre pour l'abrégé du *Pont du Gard*, à l'effet d'amener à l'usine des eaux situées à près de 20 kilomètres de distance.

Par malheur, les frais considérables d'entretien, d'une part, et le transport des usines sur un autre point par la dernière société en firent forcément abandonner l'usage, de sorte que de toute la dépense faite (près de 100,000 fr. dit-on), il ne reste plus de l'aqueduc que l'avantage assez mince de faire fabrique et point de vue pour le voisinage. C'est là un trait de plus, pour le dire en passant, de la haute intelligence et

de la louable économie dont ont fait preuve les anciens exploitateurs dans tous les actes de leur habile direction.

Pour mettre l'usine actuelle de Lavincas en état d'être uti-
lisée pour la fabrication des produits chimiques autres que
l'alun et le sulfate de fer, c'est-à-dire de l'*acide sulfurique
fumant*, du *sulfate d'ammoniac* et de l'*aluminium*, il y
aura, quand le temps en sera venu, à faire des dispositions dont
la dépense ne peut être arbitrée qu'à l'aide de devis spéciaux.

Ce sera chose à examiner et à exécuter après la reprise des
deux premières fabrications, desquelles l'importance mérite
qu'on les mette en premier ordre.

Il en est de même pour ce qui concerne le *sel de soude*, dont
la fabrication n'a d'ailleurs aucune connexité matérielle avec
l'usine actuellement existante, et devra être, comme on l'a
dit, établie sur le plateau du Larzac, à quelques kilomètres
en contre-haut de cette usine, laquelle occupe, au contraire,
un point du vallon se développant au bas du plateau.

CHAPITRE IX.

INDICATION DES PRODUITS EN ARGENT A OBTENIR DE
L'EXPLOITATION.

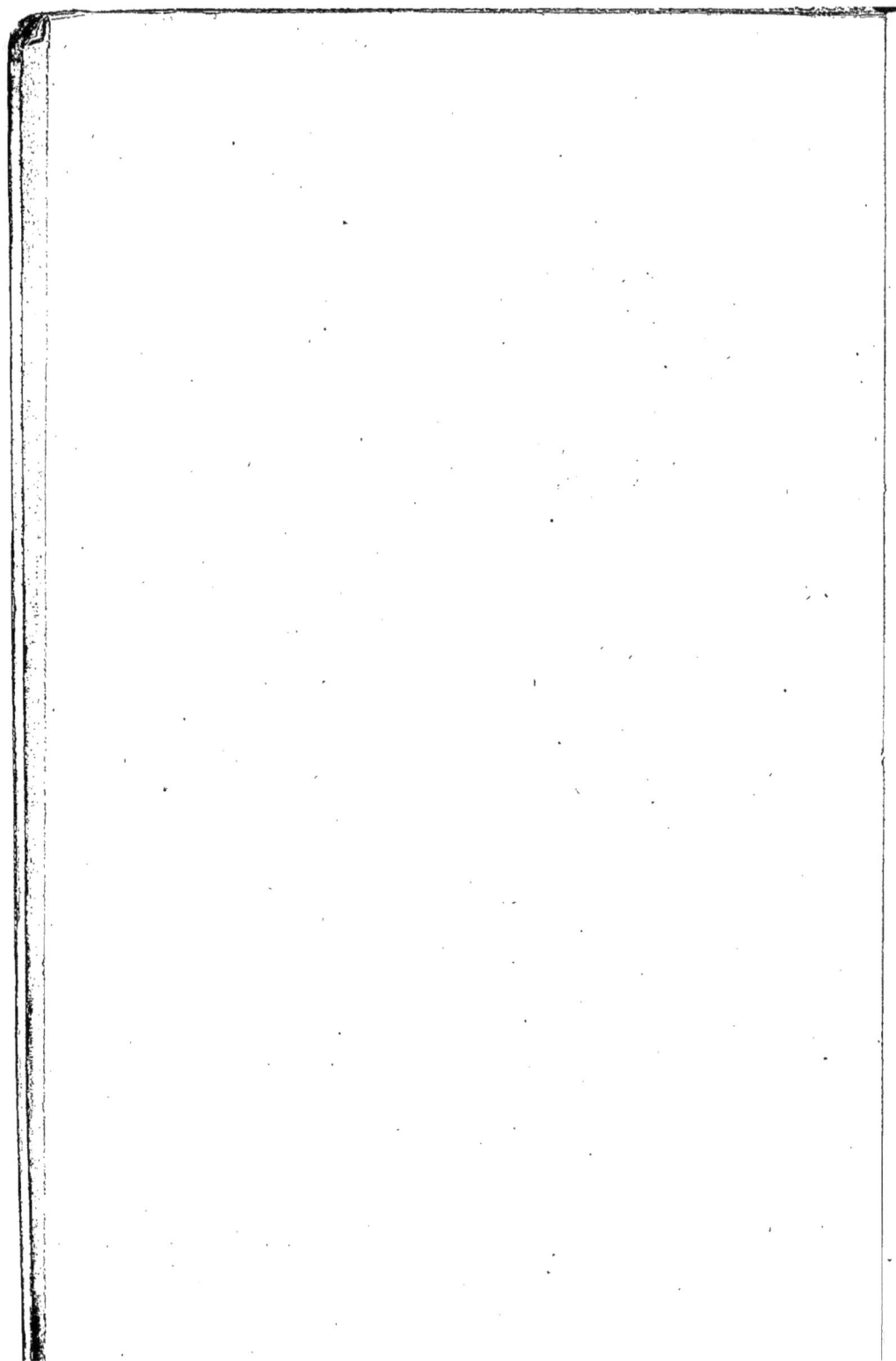

CHAPITRE IX.

Indication des produits en argent, à obtenir de l'exploitation.

Je ne fais état, dans les calculs ci-dessous, que de ceux des produits de l'exploitation des mines de Saint-Georges qui peuvent être obtenus par les moyens actuellement créés, c'est-à-dire de ce qui concerne le charbon, l'alun, le sulfate de fer et la chaux, remettant à porter en ligne de compte les autres produits chimiques (c'est-à-dire l'acide sulfurique fumant, le sulfate d'ammoniac, l'aluminium et les sels de soude), à l'époque où les usines de la Compagnie auront reçu les additions nécessaires pour la fabrication de ces derniers acides.

Et encore, qu'on note surtout ceci, je m'abstiens de faire porter mes calculs, quant aux premiers produits ci-dessus mentionnés, sur les quotités considérables qui seront, un peu plus tard, j'en ai la conviction profonde, le résultat du développement nécessaire que prendra la vente des charbons et aluns de Saint-Georges, non seulement peu après que l'ouverture du chemin de fer de la Cavalerie, aura fait connaître ses produits dans un périmètre quelque peu éloigné, mais encore et surtout lorsqu'aura été, plus tard, mis en circulation le chemin de fer de grande communication, destiné à relier la ligne d'Orléans aux lignes du Centre et du Midi, et dont une station doit être établie à Saint-Georges même : moyen de débouché économique à l'aide duquel d'autres entrepôts pourront être établis dans plusieurs grandes villes du Midi, et par lequel l'écoulement des produits de la concession n'aura plus guère alors d'autres limites que celles de la rendue possible de la mine et des usines.

Pour un seul des autres produits de Saint-Georges, la *chaux* fabriquée, je puis, même avant l'établissement des fours, me permettre d'en coter dès à présent le chiffre, parce que bien peu de mois me suffisent pour mettre cette fabrication spéciale en pleine activité, et que la vente de ce produit est chose assurée à l'avance.

Ceci entendu, voici le tableau en raccourci des produits et bénéfices annuels dont il est question ci-dessus, en tant que résultats immédiats.

CHARBON.

Aussitôt l'ouverture du chemin de fer de la Cavalerie, l'écoulement journalier de la houille de Saint-Georges devenant praticable à l'égard de centres manufacturiers dont la consommation de chaque jour dépasse, réunie, 4,000 tonnes, il est certainement impossible de ne pas s'attendre à ce que ce charbon prenne place daus une aussi large consommation pour une très-importante quotité. Toutefois, et pour me conformer aux évaluations des ingénieurs, évaluations beaucoup trop basses suivant moi, mais que j'adopte afin de ne pas me trouver en contradiction avec eux, je suppose qu'à peine *le trentième* de la consommation sera desservi en charbon de Saint-Georges, et je ne porte ici, en conséquence, cette quotité qu'au chiffre de 150 tonnes par jour, ci. .   150 t.

On a vu ci-dessus que le prix de revient du charbon rendu à l'entrepôt de la Cavalerie était au maximum 5 fr. 25 c. En y ajoutant les frais généraux, que j'exagère, je le porte à six fr., ci   6 f.

Or, les prix actuels de vente du charbon dans nos localités est de 13 à 16 fr. suivant les qualités.

Bien que ces prix paraissent susceptibles d'augmentation, toutefois, je les maintiens ici, et même, en dépit de la qualité et réputation supérieures du charbon de Saint-Georges, je ne prends que le moins élevé des deux chiffres ci-dessus, soit treize fr., ci. . . .   .   . . , ... 13 f.

Donc le bénéfice net sur chaque tonne vendue sera sept francs, ci : . . . . . 7 f.   7 f.

C'est-à-dire que chaque jour de vente donnera un bénéfice net de . . . . . , . . . 1,050 f.

Ce qui, pour les 300 jours 300

représente au minimum 315,000 f., ci . . . 315,000 f.

8

Report d'autre part . . . 315,000 f.

Venons maintenant à l'alun et au sulfate de fer.

Ainsi qu'on l'a vu, l'usine actuelle est disposée de manière à effectuer dès à présent une fabrication de 4,000 quintaux d'alun et de 2,000 quintaux de sulfate de fer.

Toutefois, et pour les premiers temps de fabrication, l'on pourrait trouver cette production excessive. Je crois donc devoir la réduire à des proportions plus restreintes.

J'admets la fabrication de 4,000 kilog. seulement, tant alun que sulfate de fer.

Le bénéfice net est d'au moins sept francs par 100 kilog., ci. . . . .   7 f.

Donc pour 4,000 kilog., il sera 40 fois cette somme, ci . . .   40

Soit par jour . . . . . .   280 f.

Et pour 300 jours de travail, ci   300

Il sera dès lors de . . . . 84,000 f., ci   84,000 f.

Reste la chaux.

C'est porter bien bas le bénéfice à faire sur cette fabrication que de ne la compter que sur le pied de 3 fr. par 1,000 kil. c'est-à-dire la tonne, quand on considère que les deux éléments de la fabri-

A reporter . . . . 399,000 f.

Report d'autre part. . . . . 399,000 f.

cation, la matière et le combustible ne coûteront
rien pour ainsi dire à l'exploitation.

Et c'est aussi réduire à bien peu de chose les
expectatives de vente, que de les porter à 25 tonnes
seulement par jour.

Toutefois, j'admets ces deux termes.

Ainsi :

25 tonnes à 3 fr.   . . . . .   75 f.

Pour 300 jours   300

Produiront annuellement. . . . 22,500 f., ci   22,500 f.

Total général minimum annuel
net de tous frais généraux . . . . 421,500 f.

Ainsi donc, avant que l'opération des mines de Saint-
Georges soit arrivée même à moins de la moitié de son développement (car, évidemment au lieu des 150 tonnes de
charbon seulement que je cote plus haut, ce sera de 4 à 500
qu'il faudra, un peu plus tard, faire le décompte, sans parler
de l'accroissement des autres ventes), voilà un dividende
provisoire de PLUS DE VINGT POUR CENT, qui ne peut échapper
à ses intéressés, aussitôt que va être mise en activité l'exploitation que doit desservir le chemin de fer de la Cavalerie.

Et ici, je demande la permission de faire observer que,
dans ce premier résultat, entre pour beaucoup la modération
avec laquelle a été établi le capital social de l'entreprise :
certes, les éléments si riches de la concession autorisaient,

surtout par l'exemple et les précédents en pareille matière, à porter bien au delà de 2,000,000 ce capital, et je pourrais citer plus d'une opération analogue, d'une importance moins grande, et d'un moins heureux avenir, dont le fonds social est néanmoins deux et trois fois plus considérable, sans que, pour cela, elles en obtiennent moins de faveur dans le monde de la finance.

On me trouvera, je l'espère, d'autant mieux fondé dans cette réflexion qu'en se reportant aux faits aujourd'hui constatés, on y verra la preuve que le capital de Saint-Georges a, dans la valeur matérielle de la concession, un gage qui représente quinze à vingt fois son importance.

En effet, le charbon renfermé dans la concession, a été évalué par les ingénieurs avec une réserve excessive, à une quotité d'au moins cinq millions de tonnes, qui multipliée par le chiffre 7 du bénéfice net minimum, représente en argent une valeur de 35 à 40 millions.

Je ne m'en félicite que plus sincèrement d'avoir, par une exception si favorable à mes actionnaires, donné à la fondation de l'entreprise des mines de Saint-Georges ce cachet d'extrême modération, car il la met doublement à même de soutenir avantageusement la comparaison avec ses similaires, et sous ce rapport et sous celui des résultats industriels.

CONCLUSION.

Par ce tableau fidèle qui n'est en définitif que la reproduction et la confirmation plus développée de mes appréciations premières, des résultats qui doivent couronner l'entreprise actuelle des mines de Saint-Georges, se trouve, complétée la tâche que je m'étais imposée. De ces résultats si heureux, j'ai présenté des gages logiques, des preuves rationnelles qui, par leur précision et leur réalité, défient toute critique, et ne laissent pas de place à la dénégation ; c'est au temps désormais qu'il appartient d'en fournir les preuves matérielles en justifiant par le fait mes assertions ; et ce temps est maintenant si près de nous, la réalisation de toutes ces expectatives est tellement prochaine, qu'en mon âme et conscience, sur mon honneur et sur ma foi, je ne puis me défendre de voir en elles la plus immanquable chose et pour ainsi dire un fait acquis : je ne puis me refuser à cette conviction intime et profonde, que, par tous ses éléments présents de prospérité, l'entreprise des mines de Saint-Georges va se placer par le fait sans délai comme sans incertitude à l'un des premiers rangs des affaires de nature analogue et que l'opinion publique ne tardera pas à ratifier cette appréciation.

Ainsi donc, bientôt va sortir de là un grand et double enseignement : C'est, d'abord, que pour toute entreprise industrielle qui repose sur un fonds solide et honnête, il n'y a presque point d'obstacle, procédant soit des hommes soit des choses, qui ne cède devant l'effort de la persévérance, point d'opposition que ne finisse par vaincre la double force de la raison et de la volonté.

En même temps que cet heureux exemple devra être, pour l'industriel un grand encouragement, un autre encouragement non moins puissant et salutaire, sera donné au capitaliste. On doit espérer, en effet, qu'à l'aspect des résultats constatés de l'opération présente plus d'un homme de finance se sentira poussé hors des voies équivoques et périlleuses de l'agiotage, et suscité à rentrer dans celles de la spéculation licite et régulière en voyant qu'il en peut attendre des avantages au moins égaux à ceux qu'il retire de l'autre, plus l'estime de lui-même et la satisfaction d'avoir concouru, en soutenant la véritable industrie, à un but d'intérêt général et à une œuvre de bien public.

Lavincas, décembre, 1857.

G. V. Durand.

Lyon. — Imprimerie d'Aimé Vingtrinier, quai Saint-Antoine, 36.

www.ingramcontent.com/pod-product-compliance
Lightning Source LLC
Chambersburg PA
CBHW062031200326
41519CB00017B/5003